IMPEACHMENT

E

DEMOCRACIA

João Benedicto de Azevedo Marques

São Paulo
2016

Editor: Fabio Humberg
Editora assistente: Cristina Bragato
Revisão: Laura Ricca Humberg/Humberto Grenes

Dados Internacionais de Catalogação na Publicação (CIP)
(Câmara Brasileira do Livro, SP, Brasil)

Marques, João Benedicto de Azevedo
    Impeachment e democracia / João Benedicto de
Azevedo Marques. -- São Paulo : Editora CLA, 2016.

    ISBN 978-85-85454-685

    1. Brasil - Política e governo   2. Brasil - Presidentes
3. Crises - Brasil   4. Democracia   5. Eleições - Brasil - 2014
6. Política internacional   7. Relações internacionais
8. Rousseff, Dilma, 1947-   I. Título.

16-03344   CDD-321.8

Índices para catálogo sistemático:
1. Impeachment e democracia : Ciência política
    321.8

Grafia atualizada segundo o Acordo Ortográfico da Língua Portuguesa de
1990, que entrou em vigor no Brasil em 1º de janeiro de 2009.

Editora CLA Cultural Ltda.
Tel: (11) 3766-9015 – e-mail: editoracla@editoracla.com.br
www.editoracla.com.br

ÍNDICE

Prefácio – Antônio Visconti 5

Apresentação 13

Parte 1 – *IMPEACHMENT* E SISTEMA POLÍTICO

Impeachment da presidenta 17

Uma grande lição de democracia 31

Presidencialismo ou parlamentarismo 35

O Golpe de 1964 39

As Forças Armadas, a segurança pública e a democracia 43

A prisão dos mensaleiros 53

Sociedade indignada 57

Movimentos de protesto de junho de 2013 61

Black blocs 65

Carta à República 67

Serviço público e democracia 71

Parte 2 – SEGURANÇA PÚBLICA E JUSTIÇA

Uma nova política de segurança pública 77

Desafios da segurança pública 83

A imparcialidade do Judiciário e do Ministério Público 87

Os novos papéis do Ministério Público 91

Reflexões sobre o PCC 95

Rota 66 99

Lazer e cultura na periferia 101

Parte 3 – CRISE IMIGRATÓRIA, TERRORISMO E OUTROS TEMAS GLOBAIS

Crise imigratória mundial 107

Barbárie em Paris 109

Costa Rica – uma grande democracia 113

A derrubada do Muro 117

Nelson Mandela 119

Palavras Finais 121

Posfácio – Mario Ernesto Humberg 125

PREFÁCIO

Remar contra a maré. Uma das marcas da longa trajetória de João Benedicto de Azevedo Marques, no Ministério Público de São Paulo, nas funções desempenhadas no Poder Executivo, estadual e federal, na defesa dos direitos humanos e na Ordem dos Advogados do Brasil. Nos idos de 1960, eu, estagiário extraoficial do saudoso promotor público Alcleu Arruda, na 21ª Vara Criminal, lá chegou ele, que iniciava seu estágio na 10ª Vara Criminal, com outra grande figura da instituição, dr. Luciano Marques Leite. Iniciava-se amizade que seguiu pelos anos.

Em 1962 foi aprovado como promotor substituto interino e assumiu a Promotoria de Pereira Barreto, nos confins do estado. Naqueles tempos em que a Justiça do Trabalho só funcionava nos grandes centros, a representação dos trabalhadores na maior parte do estado estava confiada aos promotores, porque advogado que aceitasse lhes patrocinar as causas se incompatibilizaria com a clientela das classes alta e média, os que podiam lhe pagar honorários.

João não se limitou a atender à romaria de empregados, quase sempre rurais, que diariamente acorria a seu gabinete (o Estatuto do Trabalhador Rural era lei recente, do governo João Goulart, portanto coisa de comunista); pois o jovem e impetuoso promotor conseguiu um programa na rádio local, destinado a orientar trabalhadores sobre seus direitos, encetando campanha pelo registro deles. Ao lado do vigário, o capuchinho frei Timóteo, tratou de difundir a legislação trabalhista e muitas carteiras de trabalho se expediram.

A passagem por Pereira Barreto terminou, e passou a substituir em diversas comarcas, trombando por não poucas vezes com patrões e políticos, que dele reclamavam ao procurador-geral, dr. Werner Rodrigues Nogueira, baiano ilustre e que se notabilizaria logo depois pela intransigente defesa de promotores, por volta de uma centena, acusados de

Prefácio

subversão (promover causas de trabalhadores dava aos fazendeiros a certeza de que eram importunados por comunistas ou filocomunistas). E o chefe da instituição jamais negou mão forte ao combativo promotor.

No concurso findo em abril de 1964, fomos nomeados substitutos efetivos. Meses depois, substituindo em Jundiaí, caiu-lhe nas mãos inquérito destinado a apontar os subversivos da região, umas dezenas. Alguns amigos, com justa preocupação pelo futuro de João na carreira, aconselharam-no a encontrar alguma forma de se livrar da enrascada, sem se expor: denunciar alguns, pedir mais investigação sobre outros e logo adiante deixaria aquela comarca, sem nenhum risco de complicações com o arbitrário poder emergente. Quando conversamos, com a temeridade dos neófitos, disse a ele que, para denunciar algum daqueles indigitados subversivos, só se incluísse o próprio nome no rol dos denunciados, pois fizeram mais ou menos aquilo que vínhamos fazendo, ainda estudantes, naqueles tempos de crise. Pois João, além de matar, esfolou. Dias depois, apareceu com promoção de mais de 20 folhas, um libelo contra as perseguições da época, pelas tantas invocando a invectiva do grande Pessina ao crime político, pelo qual Cristo "fu crucificato fra due ladri".

Depois foi promovido, inicialmente para Jardinópolis, e nunca enjeitou parada dura, fosse contra quem fosse. No final da década estava na capital e foi designado para a Corregedoria da Polícia Judiciária.

Nesse tempo, após o fuzilamento de um pequeno delinquente, de apelido "Guri", que num embate com policiais tivera a infelicidade suprema de matar um investigador, cresceu o clamor contra o extermínio de marginais pelo florescente "Esquadrão da Morte", capitaneado pelo delegado Sérgio Fleury e estimulado pelo governo do estado. O Tribunal de Justiça explicou nada lhe caber fazer sem a iniciativa do Ministério Público. Este, por seu Colégio de Procuradores de Justiça, indicou o dr. Hélio Pereira Bicudo (que nas colunas do "Estadão" constantemente cobrava iniciativa da instituição contra o morticínio de marginais) para promover a responsabilidade dos integrantes do grupo de extermínio. Passaram a auxiliá-lo os promotores Dirceu de

Mello (nomeado para o Judiciário, chegou a presidir o Tribunal de Justiça) e José Sylvio Fonseca Tavares (depois presidente do Conselho Penitenciário).

Apurar os fatos via inquérito policial estava fora de cogitação, afinal era público e notório o apoio do alto escalão policial à ação dos membros do esquadrão (nas boas graças do próprio governador). Iniciou-se investigação na Corregedoria da Polícia Judiciária, para a qual o juiz Nelson Fonseca fora nomeado, por iniciativa do desembargador Rodrigues Alckmin, então Corregedor da Justiça e depois ministro do Supremo Tribunal Federal. João, lógico, passou a colaborar nesse trabalho e em pouco tempo os policias envolvidos começaram a ser processados pelo assassínio de numerosos marginais, muitos tirados de dentro de presídios e levados a alguma quebrada, onde eram executados, e o policial dito relações públicas do grupo, conhecido como "Lírio Branco", passava a notícia aos meios de comunicação, chamando os cadáveres de "presuntos" (e este era o título de muitos inquéritos pretensamente instaurados para levantar a autoria dos homicídios).

Um dos delinquentes que testemunharam os fatos, Helio Rubens de Carvalho, certo dia pediu para ser ouvido na Corregedoria. Indignado porque policiais não honraram o "acerto" e o indiciaram em novos inquéritos por furtos de automóveis, desfiou um rosário de denúncias contra eles, que depois foram processados, verificada a veracidade das incriminações. Algum tempo depois, no final de 1971, quando se realizava congresso do Ministério Público em São Paulo, esse preso lançou lancinante apelo a João Benedicto, pois achava estar na iminência de ser executado no cárcere. No mesmo dia o fato foi levado ao conhecimento do procurador-geral Oscar Xavier de Freitas, que de imediato tomou as providências para resguardar a vida do preso.

Depois, no governo Paulo Egydio, foi presidente da recentemente instituída Fundação Estadual do Bem Estar do Menor, a Febem; no governo Montoro, presidiu a Coordenadoria de Estabelecimentos Penais – COESP. Procurador de Justiça, após bela passagem pelo 1º Tribunal do Júri, sempre na oposição ao grupo que detinha incontrastável he-

Prefácio

gemonia no Ministério Público – fomos derrotados em eleição para a Associação Paulista do Ministério Público, inclusive na ilustre companhia do hoje ministro Celso de Mello –, aposentou-se, cansado de remar contra a maré na sua instituição.

A aposentadoria, contudo, não foi além das atribuições funcionais: em 1991, com o entusiasmo de sempre, estava envolvido, com algumas dezenas de colegas, na fundação do Movimento do Ministério Público Democrático. Sucedia que os divergentes da enorme corrente majoritária que dominava a instituição não tinham nenhum canal permanente de comunicação com a classe, nem mesmo pela Associação Paulista do Ministério Público, parte integrante daquele grupo. A nascente entidade teve papel de relevo na oxigenação da instituição, ensejando presença na grande imprensa, atuando com destaque na elaboração da nova Lei Orgânica do Ministério Público do Estado. Também abriu caminho para nossa corrente formar na maioria do Conselho Superior do Ministério Público, na eleição de 1993, em aliança com facções lideradas pelos procuradores Antonio Augusto de Camargo Ferraz e Luiz Carlos Galvão de Barros. A visibilidade propiciada ao nosso grupo junto à sociedade pesou, sem dúvida, na chegada de seu segundo comandante, Luiz Antonio Guimarães Marrey, a partir da articulação do primeiro dirigente, Marco Vinicio Petrelluzzi, junto ao governador Mário Covas, de quem era assessor especial (João Benedicto, como referirei adiante, teve saliente papel nesse lance).

Já no início dos anos 1990 passou a comandar o setor de direitos humanos da OAB paulista. No início de 1991 promoveu debate entre ex-secretários da Justiça (lembro-me bem da presença de José Carlos Dias e Mario Sergio Duarte Garcia) sobre a passagem da administração penitenciária da Secretaria da Justiça para a da Segurança Pública, cujo titular mandou o juiz aposentado Antonio Filardi Luiz e a então promotora Luíza Nagib Eluf representá-lo. Todos os ex-secretários condenaram a medida. Ano e meio depois deu-se o massacre do Carandiru, vitimando 111 presos. João, pela OAB, investigou o trágico acontecimento e depois publicou livro com o resultado de seu trabalho. Nasceu aí a Secretaria da Administração Penitenciária, depois do leite derramado.

Prefácio

Logo adiante, era o primeiro presidente do Conselho Estadual de Defesa dos Direitos Humanos e de saída promoveu grande evento, prestigiado pelo desembargador Selwin Davis, presidente do Tribunal de Justiça, em apoio à promotora Stela Kuhlmann Vieira de Souza, que atuava no processo contra os autores do massacre do Carandiru na Justiça Militar e que era alvo de constantes ameaças à sua vida.

Andou pelo Ministério da Justiça, no setor de política penal e penitenciária, primeiro no governo Sarney, depois no governo Fernando Henrique.

Veio o governo Mário Covas, comprometido com o respeito aos direitos humanos, e a administração penitenciária voltou para a Secretaria da Justiça e nos primeiros meses dessa gestão houve uma enfiada de rebeliões nos presídios. Restaurou-se a Secretaria de Administração Penitenciária e João Benedicto foi convidado para segurar o rabo de foguete e esteve à frente da pasta por alguns anos. Jogou todo o seu prestígio de secretário de estado para lutar vitoriosamente, ao lado de Belisário dos Santos Junior, secretário da Justiça, do prof. José Afonso da Silva, secretário da Segurança, e Marco Vinicio Petrelluzzi, assessor especial do governador, para a nomeação de Luiz Antonio Guimarães Marrey como procurador-geral de Justiça, debaixo de grandes protestos, porque não fora o mais votado na disputa interna pela indicação. Marrey restaurou a respeitabilidade pública da instituição, foi consagrado com a recondução, permanecendo até o início do ano 2000, e num terceiro período exerceu essa função, a partir de 2002.

Em todos esses lances, sempre a remar contra a maré. Afinal, a opinião pública é diuturnamente trabalhada por programas de rádio e televisão exaltando a violência policial, pregando que bandido bom é bandido morto, clamando pela redução da menoridade penal e atacando a pregação pelos direitos humanos.

Listei algumas das principais atividades de João Benedicto porque o vejo novamente contrariando a opinião de ampla maioria da sociedade brasileira, sobretudo da paulista e notadamente das camadas alta e média da população, em que está seu círculo de convivência.

Prefácio

Numa coletânea de reflexões sobre os mais variados temas da atualidade, vê-se que ao trazer à tona trabalhos do movimento "Da Indignação à Ação", colocava-se em franca oposição ao governo petista. Estourara o caso do "Mensalão" e ele se fez figura de proa na exigência de severa punição aos envolvidos no rumoroso escândalo. Um dos líderes dessa iniciativa era o prof. Miguel Reale Junior.

Seria muito cômodo para João seguir na mesma trincheira e agora estaria gozando as delícias do triunfo, ante a iminente derrubada da presidente da República, questão de uns poucos meses. Estaria na ilustre companhia de alguns ministros da Corte Suprema, da esmagadora maioria do Parlamento e de seus colegas de classe, na União e no estado, da imensa maioria dos magistrados, dos advogados, na voz prestigiosa da OAB. Na ponta de lança, o mesmo dr. Hélio Bicudo e o prof. Miguel Reale Junior, um dos líderes da campanha pela punição dos envolvidos no "Mensalão".

Como sempre, porém, sua consciência democrática falou mais alto. Impeachment sem a concretização insofismável de crime de responsabilidade não é legítimo; medida drástica, injustificada, como tudo está a indicar, tem potencial de jogar o País em crise de consequências imprevisíveis. A começar por entregar a Nação ao comando do PMDB, grande conglomerado de fisiológicos e de avultado número de implicados no "Petrolão" e outros saques ao Erário.

Mostra a arbitrariedade gritante de arrancar de sua casa, pela madrugada, um ex-presidente da República, sem antes intimá-lo para inquirição; e lastimavelmente os procuradores da República que pleitearam e obtiveram a ilegal medida saem-se com a estarrecedora revelação de que era a 117ª condução coercitiva determinada na investigação e as 116 anteriores não geraram nenhum protesto. Ou seja, usucapião de legalidade – arbitrariedade reiterada sem despertar clamor público, passa a ser legal... Vamos ver se, com a vulgarização de mais uma forma de desrespeito a direitos fundamentais dos que vivem no País, passem a ser alcançados membros do patriciado nacional (assim gostava de dizer o saudoso Raimundo Pascoal Barbosa, observando que a tor-

Prefácio

tura sempre fora corriqueiro meio de investigação policial e contra ela só se ergueu a Nação quando atingiu gente das classes alta e média).

Os diferentes aspectos da vida nacional e internacional tratados neste livro abordam a grave crise atual, questões de segurança pública e o papel desejável das Forças Armadas na rotina de prevenção da criminalidade, o urgente enfrentamento da crise educacional, máxime da escola pública, dentre outros. Destacaria aquele que reclama alçar em prioridade a difusão da cultura, da arte, do esporte e do lazer, como vias de extensão da cidadania, com o importante efeito colateral de diminuir o apelo da criminalidade patrimonial e de drogas a adolescentes e jovens. Ministérios e secretarias incumbidos dessas políticas são muitas vezes moeda de troca para composições políticas e invariavelmente contam com parcos recursos, cortados sempre que a situação financeira exige redução de despesas. Tratados como pouco mais que superfluidades.

Este trabalho, notadamente na parte que examina a crise política, econômica, social e ética do País, e mais especificamente o brado contra a vitoriosa empreitada dos inconformados com o resultado eleitoral (evidenciando que a formação de maioria qualificada no Congresso para decretar o impedimento da presidente da República, ainda que condição necessária, não é suficiente para justificar a cassação de seu mandato, obtido legitimamente nas urnas), terá mais um importante resultado: quando a história do País lembrar este triste período, marcará o testemunho desassombrado de um homem do Ministério Público em favor da legalidade democrática.

Hoje, como em 1954 e 1964, a imensa maioria de juízes, promotores, advogados, autoridades das Polícias Civil e Militar, profissionais liberais, jornalistas, em suma, os ditos formadores de opinião, regozija-se com a iminência do final traumático da hegemonia petista; pouco ou nada importam o devido processo legal, os direitos fundamentais dos alvos da triunfante investida e nem se tem em conta que todo o debate gira em torno da existência, em tese, de crime de responsabilidade, não da comprovação, ou não, de fatos indiscutivelmente criminosos, como se deu no impedimento do presidente Collor, a quem se imputavam atos de corrupção sobre cujo caráter criminoso não pairava dúvida alguma.

Proclamada a vitória da presidente da República, já se manifestava o inconformismo dos derrotados. Centenas de milhares de pessoas foram às ruas clamar pela derrubada da presidente, nos seus primeiros meses de governo, quando incogitável qualquer crime de responsabilidade. Questão de tempo. Logo se espiolharam irregularidades na condução das finanças públicas e se encontrou o suposto fundamento para cassar seu mandato.

João Benedicto, invocando a lição do grande e saudoso ministro Brossard, denuncia os graves riscos dessa escalada, originada de inconformidade com o resultado das eleições, que legitimamente só poderiam dar fim à hegemonia petista nas eleições de 2018.

Se sua denúncia é ou não procedente, a história responderá. Indiscutíveis, porém, a sinceridade e o valor de seu testemunho, que refletem o peso de sua consciência democrática. Assim não fora, insisto, muito mais fácil e cômodo fazer coro com a opinião pública e chamar para si algum quinhão nos louros da vitória iminente daqueles que bem souberam aproveitar a oportunidade de derrubar a presidente, ré sem crime. Assim se denominou o governador de Sergipe, cassado em 1964, Seixas Dória. A história se repete, infelizmente. Quando menos no sincero e corajoso ponto de vista de João Benedicto de Azevedo Marques, que, porém, não admite se esvaia a esperança num Brasil democrático e com tolerável nível de desigualdade.

São Paulo, maio de 2016

Antônio Visconti
Procurador de Justiça, fundador do Ministério Público Democrático

APRESENTAÇÃO

Em razão do aprofundamento da crise política, social e econômica no Brasil e no mundo, com graves violações dos direitos humanos, resolvemos publicar trabalhos recentes sobre temas da atualidade brasileira e internacional.

Começamos por abordar a questão do *impeachment*, assunto extremamente delicado que atinge diretamente a Presidência da República e que poderá mergulhar o país em gravíssima crise política, com consequências imprevisíveis, que poderão abalar o arcabouço democrático construído pela Constituição de 1988.

Além disso, enfrentamos a questão do parlamentarismo e do presidencialismo, as eleições importantíssimas de 2014 e temas relativos à segurança.

Pela sua relevância, analisamos temas como Rota 66, a prisão dos mensaleiros, os *black blocs*, o PCC, política de segurança pública e imparcialidade do Judiciário e do Ministério Público.

Abordamos, também, graves problemas internacionais, como o terrorismo em Paris e a crise imigratória europeia, que poderão alterar o equilíbrio e a geopolítica mundial. Entendemos que se trata de questões que mexeram profundamente com a sociedade brasileira e que, de certa forma, entrelaçavam-se com as demais tratadas no livro e, por isso, mereceram a nossa reflexão, que queremos compartilhar com os leitores.

No plano global, enfatiza-se o respeito aos direitos humanos e às organizações internacionais, principalmente a ONU, indispensáveis para a construção de um mundo mais justo e solidário.

Neste momento difícil, queremos reafirmar nossa esperança no nosso país, na democracia e no estado de direito e a certeza de que o futuro de paz e desenvolvimento se constrói com amor, tolerância, solidariedade e respeito ao resultado das urnas, homologado pela Justiça Eleitoral.

Da mesma forma, nas relações internacionais o melhor caminho é o diálogo e nunca as intervenções militares, que provocam o sacrifício inútil de vidas humanas, atingindo principalmente crianças e idosos.

A hora é de entendimento e de respeito às opiniões antagônicas, dentro de um clima de tolerância democrática. Qualquer outro caminho será, sempre, uma aventura que destrói as instituições democráticas.

São Paulo, maio de 2016

João Benedicto de Azevedo Marques

Parte 1
IMPEACHMENT E SISTEMA POLÍTICO

IMPEACHMENT DA PRESIDENTA

Em cima de notícias de jornal e de alguns movimentos populares, pediu-se o *impeachment* da presidenta da República.

Em razão disso, o procurador de Justiça aposentado Hélio Bicudo, o professor Miguel Reale Junior e a advogada Janaina Paschoal elaboraram uma denúncia inicial, que depois veio a ser aditada. A acusação não indicou de forma clara e precisa o crime de responsabilidade que teria sido cometido pela presidenta. Nos crimes políticos, como os elencados na Lei de *Impeachment*, não poder haver qualquer dúvida sobre a autoria, devendo-se mencionar claramente a conduta incriminada, principalmente quando o acusado é o presidente da República.

O instituto do *impeachment* surgiu na Inglaterra no século XIV, sendo depois transplantado para os Estados Unidos. No Brasil, existe desde a primeira constituição republicana, de 1891, e chegou a ser utilizado contra o presidente Collor, que, entretanto, renunciou antes de ser declarado impedido.

Artigo inédito, escrito ao longo de 2016 e finalizado em 17 de maio.

Como se vê, trata-se de recurso excepcional, uma única vez utilizado na história republicana, e que não deve ser usado, como manobra política, para afastamento do presidente da República.

Apesar disso, há que se reconhecer a natureza política do instituto.

A verdade é que há pouco mais de um ano tivemos eleições presidenciais, em dois turnos, realizadas de forma absolutamente democrática e homologadas pela Justiça Eleitoral, com a vitória da presidenta Dilma Rousseff e a derrota do candidato da oposição, Aécio Neves.

A vitória foi apertada, por uma margem pouco superior a 1 milhão de votos, num eleitorado de mais de 100 milhões de eleitores. Mas foi uma eleição sem nenhuma contestação política, na época, e somente tempos depois houve recurso ao Tribunal Superior Eleitoral, com pedido de recontagem, negado, e com pedido de cassação da chapa, até agora ainda não julgado.

No regime presidencialista, adotado pelo Brasil, após as eleições realizadas de forma livre e legítima, homologadas pelo Tribunal Superior Eleitoral, a oposição deveria se conformar com o resultado adverso, sob pena de abalarmos as instituições democráticas.

Após um processo eleitoral democrático renhido, há aqueles que defendem o remédio extraordinário do impedimento, esquecendo-se que se trata de recurso excepcional, como lembra Paulo Brossard, embora previsto no artigo 86, parágrafo 1º da Constituição Federal.

Não podemos, também, esquecer a regra fundamental do artigo 1º da Constituição, que estabelece que todo o poder emana do povo e em seu nome será exercido, ou seja, o povo é a fonte primária do processo eleitoral.

O eminente jurista gaúcho afirma, também, com razão, que o *impeachment* "é incapaz de solucionar as crises institucionais", "paradoxalmente contribui para o agravamento delas" e "o instituto, pela sua rigidez, não funciona a tempo e hora e chega a pôr em risco as instituições, e não poucas vezes as estilhaça". Palavras proféticas, mas, acima de tudo, atuais, já que o início do procedimento de impedimento coincidiu com o agravamento da crise política.

Ele deve ser usado em casos extremos e exige para a sua caracterização a prova clara e cristalina do crime de responsabilidade praticado pelo chefe do Poder Executivo, durante o mandato.

Não se vislumbra na Lei nº 1.079, de 1950, que define os crimes de responsabilidade, nenhuma conduta praticada pela presidenta da República que represente, claramente, tal infração. Os tipos penais definidos na lei são claros e não podem dar margem a uma mera interpretação política do Parlamento, estimulando paixões de toda ordem, que não contribuem para a paz social, indispensável para o desenvolvimento.

Acrescente-se que o artigo 85 da Constituição de 1988, que define o elenco das condutas de crime de responsabilidade, repete a lei de 1950.

Os políticos brasileiros e, em especial, a oposição precisam compreender que o regime constitucional brasileiro não é o parlamentarismo, no qual um mau governo pode ter um voto de desconfiança e, em decorrência disso, mudar-se o governante.

Um eventual mau governo não é razão suficiente para o impedimento do chefe do Poder Executivo.

No sistema parlamentarista, é possível a moção de desconfiança, um remédio eficaz para a mudança de governança quando se entende que a mesma é ineficaz ou incompetente, sem traumas políticos. Mas, no regime presidencialista, eleição perdida só se ganha, democraticamente, em outra eleição. Por isso, as oposições deveriam aguardar as próximas eleições para derrotar a presidenta ou, então, provar, cabalmente, o crime que ela teria cometido.

Impedimento da presidenta da República, com base em supostas e duvidosas pedaladas fiscais e em projetos de abertura de crédito com fundamentação legal, é um sério erro político, banaliza o uso de um remédio constitucional extraordinário e poderá criar uma convulsão social.

Por outro lado, falar em pedaladas fiscais, sem a análise e rejeição de contas da Presidência da República de 2015, quando as irregularidades seriam examinadas pela Câmara, soa estranho, pois o Parlamento não confirmou as irregularidades apontadas que constituiriam crimes de responsabilidade fiscal, ocorridas nesse ano. O julgamento das contas é um ato complexo, não bastando, tão somente, o parecer contrário do Tribunal de Contas, como ocorreu em 2014 e em 2015, havendo necessidade de apreciação das mesmas pelo Parlamento, o que ainda não aconteceu.

Paulo Brossard ainda ensina, num livro clássico, que "não deixa de ser melancólico reconhecer que os artigos que a Constituição consagra à disciplina da responsabilidade presidencial não têm nenhuma utilidade" – termos duros, mas reais.

De maneira figurada, completa o jurista: "o apelo ao *impeachment* para solucionar crises resultantes do desajustamento do presidente da República aos seus deveres funcionais é comparável à utilização de armaduras medievais em pleno século XX..." Na mesma linha de

Impeachment da presidenta

pensamento, o ex-primeiro ministro italiano Massimo d'Alema fez afirmações que merecem ser lembradas e que têm sido repetidas por outros políticos estrangeiros: *"impeachment* é um precedente que cria instabilidade". Ensinamentos preciosos e atualíssimos, que serão lembrados no Supremo.

Como se viu, o Supremo Tribunal Federal, por meio do ministro Fachin, não quis adentrar no julgamento político do impedimento, matéria de responsabilidade do Poder Legislativo, mas lembrou que a Câmara se limitava ao recebimento do pedido e quem deveria decidi-lo, arquivando-o ou dando seguimento, seria o Senado, o verdadeiro juiz do caso. Disse, também, que as votações não poderiam ser secretas e, por isso, anulou decisão da Presidência da Câmara.

Por maioria de votos, o Supremo decidiu manter o entendimento do ministro Fachin, no sentido de a votação ser pública e de que, uma vez autorizado pela Câmara, caberia ao Senado o julgamento da presidenta da República, como determina a Carta Magna. Ou seja, é o Parlamento que, democraticamente, decide o futuro político da presidenta.

No auge da crise, a presidenta da República nomeou para ministro de estado o ex-presidente Lula, provocando uma forte reação e uma grande discussão pública.

A nomeação foi questionada politicamente, mas perante a Constituição os ministros são de livre escolha da Presidência. Apesar disso, um juiz federal concedeu uma liminar, suspendendo a nomeação, e, como houve recurso por parte da Advocacia-Geral da União, a questão ficou para ser decidida pelos tribunais superiores, agregando mais tensão à crise.

Além disso, o ministro Gilmar Mendes deu uma liminar em mandado de segurança, suspendendo a posse, que começou a ser analisada pelo tribunal pleno.

Por outro lado, a instauração de uma ação penal em março contra o ex-presidente Lula, em razão de um apartamento tríplex no Guarujá, com pedido de prisão preventiva por parte do Ministério Público de São Paulo, agravou a crise política, sendo isso somado a uma grande manifestação pública contra a corrupção em todo o país no dia 13 de março de 2016.

A juíza da 4ª Vara Criminal de São Paulo decidiu, entretanto, que a competência para julgamento da ação e do pedido de prisão preventiva cabia à Justiça Federal do Paraná, que está analisando, também, a matéria. Com essa decisão, a ação penal e o pedido de prisão preventiva passaram para a análise da Justiça Federal daquele estado.

Não se pode deixar de lembrar que o pedido de prisão preventiva para um ex-presidente da República, formulado pelo Ministério Público de São Paulo, é matéria extremamente delicada e quase todos os processualistas ouvidos afirmam não haver sólido fundamento legal para o pleito.

O *impeachment*, o pedido de prisão do ex-presidente Lula e a sua nomeação para ministro de estado são manifestações de uma mesma crise política.

Espera-se que o Supremo continue com sua tradição de prudência e guardião da Constituição, distanciando-se das paixões políticas, caso contrário a crise irá agravar-se, sendo o desfecho imprevisível.

Não podemos nos esquecer de que a Constituição de 1988 forma, junto com a anistia e as diretas, um conjunto de vitórias democráticas que construíram um novo arcabouço jurídico para a nação e não podem ser ameaçadas pela intolerância política.

A melhor solução para a crise seria a retomada do diálogo político entre situação e oposição no Congresso, abandonando-se o caminho de soluções radicais como o impedimento da presidente da República, por meio de manobras perigosas que atentam contra os princípios constitucionais.

Isso em nada muda o combate à corrupção, como no caso da Petrobras, que deve ser radical e permanente e tem sido objeto da atuação do Ministério Público, do Poder Judiciário e da imprensa.

Enfim, o Parlamento poderia encontrar uma saída política que não a decretação do *impeachment*.

É preciso acalmar o ambiente político, atualmente carregado de intolerância e propício para aventuras totalitárias que poderão abalar o estado democrático de direito.

Quando a Câmara iniciou o processo de impedimento da Presidenta da República, o ministro do Supremo Tribunal Federal, Marco Aurélio, com muita clareza e coragem advertiu, na mesma linha de Paulo Brossard, que *"impeachment, sem prova, parece golpe"*.

Todos sabemos que o julgamento é político, mas, em nenhuma hipótese poderia ser desrespeitada a lei, que exige a demonstração clara e cabal da prova do crime de responsabilidade, até agora inexistente, como se vê da descrição dos tipos penais previstos no artigo 85 da Constituição Federal e na Lei nº 1.079, de 1950, que define os crimes de responsabilidade e o impedimento de presidente da República.

Por isso, entendemos que o remédio constitucional do impedimento, sem ocorrência comprovada de crime de responsabilidade praticado pela presidenta da República, é extremamente perigoso para as instituições republicanas.

Foi essa, aliás, a linha de defesa do ministro da Justiça, José Eduardo Cardoso, ao manifestar-se na defesa da presidenta, mas, apesar disso, o impedimento foi aprovado na Comissão Especial.

No dia 17 de abril de 2016, o *impeachment* da presidenta Dilma foi votado na Câmara, sendo necessários dois terços dos votos para que o mesmo fosse declarado. O resultado da votação foi de 367 votos a favor e 146 contrários, nos quais se computam 7 abstenções e 2 ausências.

Em razão desse resultado, o pedido de impedimento da presidenta foi remetido ao Senado, que dias depois confirmou a sua admissibilidade, dando início, efetivamente, ao processo de julgamento.

O comportamento e as breves justificativas de votos dos deputados, na hora da votação, foram lamentáveis e envergonham o Parlamento brasileiro. Falou-se em Deus, em família, em filhos, netos e parentes, e pouquíssimos deputados, ao fundamentar seus votos, fizeram referência a eventuais crimes de responsabilidade praticados pela presidenta da República.

A perplexidade foi geral e foi uma página lamentável do Parlamento brasileiro, transmitida ao vivo para espanto de todo o país e do mundo, onde nossa imagem ficou gravemente comprometida.

Não se avaliaram, com serenidade, as consequências políticas e institucionais da decisão.

A solução adotada pela Câmara, ainda que constitucional, agravou a crise política. Com a decisão do Senado pela admissibilidade, o vice-presidente, Michel Temer assumiu a Presidência em 12 de maio de 2016 e a presidenta Dilma foi afastada até o julgamento de seu processo pelo Senado. Há um prazo máximo de 180 dias, no qual a presidenta poderá se defender, com amplitude, produzindo provas periciais, documentais e testemunhais.

De qualquer modo, até agora não foi demonstrada, de forma clara e insofismável a ocorrência de crime de responsabilidade, sem o qual não se pode afastar um presidente da República, legitimamente eleito. O afastamento da presidenta é um ato muito grave, que exige a certeza da autoria.

Os decretos de suplementação de verbas e a autorização de despesas para a safra agrícola, devidamente instruídos pelos órgãos competentes, não nos parecem configurar crime de responsabilidade que justifique a utilização do recurso extraordinário do *impeachment*.

O mandato da presidenta, legitimamente eleita, não pode ser encurtado sem que insofismavelmente se caracterize e se prove o crime de responsabilidade fiscal.

Não se pode e não se deve banalizar o uso de recurso constitucional extremo, ao sabor de paixões políticas momentâneas.

A crise institucional foi agravada, sendo difícil prever os seus desdobramentos. Encontrar uma saída política e conciliatória é tarefa complexa, temendo-se um retrocesso institucional.

A vontade soberana do povo nas últimas eleições foi desrespeitada, sendo imprevisíveis as reações inevitáveis das ruas.

Mais uma vez o Supremo Tribunal Federal poderá ser o árbitro de uma solução constitucional que restabeleça a paz, o diálogo e a conciliação entre os brasileiros, sob pena de vivermos, novamente, uma gravíssima crise institucional, com o desfecho do *impeachment*.

No dia 5 de maio, no curso do procedimento autorizado pela Câmara, houve um fato novo que ainda poderá provocar desdobramentos. A Procuradoria-Geral da República já havia instaurado dois processos penais contra o presidente da Câmara, Eduardo Cunha, por corrupção e lavagem de dinheiro. Ocorre que o chefe do Ministério Público Federal entrou no Supremo com pedido liminar de afastamento de Cunha, que estaria impedindo a apuração dos fatos na Câmara e no Conselho de Ética, onde tramita processo de cassação de mandato contra ele. E o ministro Teori Zavascki, em decisão inédita e extremamente corajosa, pediu o afastamento de Eduardo Cunha da presidência da Câmara pelos gravíssimos fatos já denunciados e porque estaria impedindo e obstruindo a sua apuração no âmbito da Câmara.

Diante das acusações e da prova trazida pelo Ministério Público, foi solicitado o imediato afastamento cautelar do presidente da Câmara.

O Supremo, pela unanimidade de seus membros, aceitou a medida cautelar solicitada pelo procurador-geral da República e afastou Eduardo Cunha, suspendendo-o do exercício do mandato.

Trata-se de decisão gravíssima e sem precedente na República, que inevitavelmente terá consequência no processo de impedimento, pois a pergunta inevitável que se faz é como uma pessoa com esse *curriculum* criminal pôde presidir a sessão da Câmara no dia 17 de abril, que autorizou a abertura do processo.

A questão que fica no ar, e acabará sendo discutida nos tribunais, é se

Cunha tinha as condições de imparcialidade para fazê-lo ou se, pelo contrário, trata-se de um juiz suspeito, considerando-se que responde no Supremo a dois processos criminais, um por corrupção e outro por lavagem de dinheiro, crimes dos mais graves.

Será que uma sessão da Câmara que autorizou a aceitação de um processo da gravidade do *impeachment* da presidenta da República podia ser presidida por uma pessoa contra quem já pairavam processos criminais no Supremo e que, além disso, *a posteriori*, teve contra si um pedido do procurador-geral da República para que fosse afastado da presidência da Câmara dos Deputados?

Em que medida esses gravíssimos fatos representados pelo afastamento da presidência da Câmara e pela suspensão inédita do mandato pelo Supremo maculam aquela decisão de aceitação de abertura de processo de impedimento contra a presidenta da República?

Essas questões delicadíssimas terão que ser analisadas pelo Parlamento e pelo próprio Supremo.

Será, sem dúvida, uma longa disputa jurídica e política e, por isso, sempre tivemos dúvidas de que o processo de *impeachment* seria a melhor solução para a grave crise política, econômica e social que está dividindo ainda mais o país e radicalizando posições que poderão levar a um confronto de consequências imprevisíveis, afetando até a integridade do país.

No dia 9 de maio, novo fato de maior gravidade ocorreu, com a decisão do novo presidente da Câmara, deputado Waldir Maranhão, de atender ao recurso do advogado-geral da União que pedia a anulação da sessão da Câmara do dia 17 de abril. Estranhamente, horas depois voltou atrás e revogou essa decisão sobre a anulação da sessão.

Impeachment da presidenta

No mesmo dia 9 de maio, o presidente do Senado, Renan Calheiros, já havia tomado a decisão de desconhecer a decisão anulatória do presidente da Câmara, dando continuidade ao processo de *impeachment*. Assim, no dia 11 de maio o Senado julgou a admissibilidade do procedimento contra a presidenta, em uma longa e tumultuada sessão que ficará marcada na história política do país, sendo o resultado da votação de 55 votos favoráveis e 22 contrários, com três ausências e sem o voto do presidente da Casa.

Para registro da história, no dia 12 de maio, quando a presidenta foi notificada da decisão do Senado, ela afirmou, em rede nacional de televisão, que podia ter cometido erros, mas não cometera crime e, por isso, sentia-se injustiçada.

Deve-se notar, ainda, que se trata da primeira mulher a assumir o mais alto posto da República e haverá sempre os que dirão que a medida foi discriminatória, já que atingiu uma mulher.

O processo no Senado poderá durar até 180 dias, quando a presidenta da República será ouvida e poderá produzir provas. Enfim, trata-se de um longo e delicado processo jurídico e político, absolutamente inédito no Brasil.

Novos e imprevisíveis fatos poderão ainda ocorrer, complicando, ainda mais, a situação institucional brasileira.

Por isso, como alternativa, poder-se-ia até pensar-se num Pacto Nacional de Desenvolvimento Político, Econômico e Social, a ser coordenado por um órgão de expressão nacional, como a Conferência Nacional dos Bispos do Brasil (CNBB), reunindo juristas, empresários, trabalhadores, funcionários públicos e outras categorias importantes para encontrar uma solução de mínimo consenso para evitar as consequências dramáticas de um eventual *impeachment*, solução sempre arriscada, ainda que prevista na Constituição Federal.

Caso contrário, viveremos, novamente, uma gravíssima crise institucional, com o desfecho do processo de *impeachment*, cujas sérias consequências políticas, econômicas e sociais poderão abalar o arcabouço constitucional, conseguido com muito sacrifício após o período ditatorial de 1964.

Por derradeiro, como o artigo 1º da Constituição Federal afirma que todo o poder emana do povo e como estamos na encruzilhada de seríssima crise política, social e econômica, a melhor, mais prudente e democrática das soluções seria a convocação de eleições presidenciais antecipadas, já que a posse do vice-presidente Michel Temer, em decorrência do *impeachment*, sempre será questionada.

Se a escolha de um novo presidente se desse por meio de eleições diretas, essa decisão seria mais respeitada, interna e internacionalmente, não se podendo falar de golpe, pois o eleito seria legitimado pelas urnas e pelo voto, que é o mais respeitado instrumento no estado democrático de direito.

Não se deve esquecer que a questão poderá ser levada a organismos internacionais, como a Corte Interamericana de Direitos Humanos, em San José, Costa Rica, que acompanha com muita atenção os acontecimentos. Por isso, a decisão não pode desrespeitar as garantias individuais, em especial em se tratando da presidenta da República.

A Corte Interamericana sempre foi muito rigorosa com o respeito à garantia dos direitos humanos e à democracia na América Latina, sendo que o Brasil é um dos seus signatários. Ou seja, poderá vir a sofrer sanções em consequência do julgamento do impedimento da presidenta.

A repercussão internacional da decisão tem sido imensa e o Prêmio Nobel da Paz Adolfo Perez Esquivel manifestou profunda preocupação com o desenrolar do processo. O próprio Papa Francisco, no dia 10 de maio, numa audiência pública em Roma, manifestou a sua preocupação com a crise política brasileira, fazendo um apelo ao entendimento, com justiça, que leve à paz.

Como dizia Rui Barbosa, o maior jurista e constitucionalista brasileiro, fora da lei e da democracia não há legalidade, e sem esta não há salvação para o país: iremos, novamente, ingressar num período de turbulência nocivo para a nação.

Observação: A Lei nº 1.079, de 10 de abril de 1950, disciplina os crimes de responsabilidade da Presidência da República e o seu respectivo julgamento. Os tipos penais são muito claros e a conduta da presidenta precisa se adaptar a eles, mas essa interpretação vai depender fundamentalmente do julgamento a ser feito pelo Senado.

Certamente haverá questionamentos no Supremo Tribunal Federal, se houver violação à Constituição Federal. Igualmente, o artigo 85 da Carta Magna repete os crimes descritos na Lei nº 1.079. Os crimes de responsabilidade fiscal foram definidos pela Lei nº 10.028, de 2000.

Poderão também ser apresentados recursos a órgãos internacionais, como a Corte Interamericana de Direitos Humanos, que é presidida por um brasileiro e poderá abrir um processo contra o Brasil que é signatário do Tratado.

Além disso, organismos internacionais, como a Comissão de Direitos Humanos da ONU e a Anistia Internacional, acompanham o processo de *impeachment*.

UMA GRANDE LIÇÃO DE DEMOCRACIA

A realização das últimas eleições foi uma grande vitória da democracia, pois é preciso reconhecer que transcorreram num clima de absoluta tranquilidade e paz, com as instituições, principalmente a Justiça Eleitoral, funcionando de forma independente, com o apoio das Forças Armadas e da Polícia Federal, constituindo um exemplo para o mundo e para o sistema democrático de governo, num processo eleitoral com dois turnos e pouco mais de 140 milhões de eleitores.

Ora, num país continental, com enormes distâncias, a realização de um grande pleito, em dois turnos, sem incidentes graves, merece uma reflexão sobre o aprimoramento de nossa democracia e o comportamento exemplar do povo brasileiro.

Antes de mais nada, é preciso salientar a absoluta liberdade de imprensa, com amplo debate dos grandes problemas nacionais, sem nenhum tipo de censura e até um relativo respeito às ideias antagônicas. Se houve algum abuso ou exagero, devem ser apurados e exemplarmente punidos.

Artigo inédito, escrito originalmente em 27 de outubro de 2014 e atualizado em 2016.

A verdade é que evoluímos, apesar do número excessivo de partidos políticos (mais de 30), que dá margem a alianças espúrias, da nociva influência do poder econômico, da boca de urna e da falta de uma regulamentação do financiamento das campanhas. Apesar dessas falhas, deve-se frisar que avançamos num processo eleitoral rapidíssimo e sem fraudes, com as urnas eletrônicas e com uma apuração segura e rápida, sem paralelo em nenhuma outra nação continental.

Os adversários Dilma e Aécio, durante a campanha e os debates, comportaram-se com muita paixão e uma certa dose de exageros; e a vencedora, por uma estreita margem de votos, deveria ter a grandeza e a sabedoria de um estadista.

O resultado apertado e o instituto da reeleição acabaram criando um clima de radicalização política que desembocou numa crise sem precedentes.

Talvez precisemos rever a possibilidade da reeleição do presidente da República e, se for necessário, aumentar para cinco anos o mandato presidencial.

De qualquer forma, o processo tem que ser aprimorado, pelos partidos políticos, pelo Congresso e pela sociedade brasileira, pois precisamos avançar e não retroceder.

Dilma, a presidenta reeleita, deveria ter tido a grandeza de reconhecer essa grande conquista do povo brasileiro e aproveitado o momento de justas comemorações para lançar um grande pacto nacional de paz e justiça social, pois adversários políticos podem tornar-se parceiros na construção de um novo país, mais forte, solidário e tolerante, matando no nascedouro as manifestações de racismo e preconceito contra os brasileiros do Norte e Nordeste que se viram na internet.

Pensar em conciliação, num momento de grande tensão, pode ser um sonho, mas é a esperança de todos os democratas.

E, talvez, a primeira e grande tarefa dos novos governantes seja a valorização e o fortalecimento da educação e do professor, que são a melhor ferramenta para as grandes transformações de que precisamos e sobre as quais existe um razoável consenso. Por que não se construir um grande Plano Nacional de Desenvolvimento da Educação, que é o melhor caminho para construção de uma sociedade mais democrática e justa?

Mas a oposição precisaria, também, cumprir o seu papel e não tentar se insurgir contra o resultado legítimo, com a manobra do *impeachment*, que, ainda que prevista na Constituição, representa um grave retrocesso para nossa incipiente democracia, sem falarmos nas suas consequências, sempre traumáticas.

O único caso de processo de *impeachment* se deu no governo de Fernando Collor, mas não chegou ao fim porque o presidente renunciou, tendo assumido Itamar Franco, que completou o mandato. A crise foi muito grave, mas a ação do Supremo foi firme e permitiu que se preservasse o estado democrático de direito.

As grandes manifestações populares contra o governo são um direito constitucional, mas não podem descambar para a violência e atos de intolerância política.

Precisamos preservar as garantias constitucionais e, para isso, é necessária a absoluta independência do Judiciário, que não pode ser partidarizado e precisa agir com prudência, como enfatizou o ministro Teori Zavascki, ao analisar ações que envolvem o ex-presidente Lula.

Feliz é a nação que possui eleições livres e democráticas, reconhecidas pelo candidato vitorioso e pelo vencido. O futuro aponta para uma democracia fortalecida, com uma oposição vigorosa, essencial para discutirmos as nossas divergências, sem radicalismos e preparada para debater uma ampla, profunda e necessária reforma política.

PRESIDENCIALISMO OU PARLAMENTARISMO

Durante toda a República, com o pequeno interregno ocorrido depois da renúncia do presidente Jânio Quadros, em 1961, vivemos sob a égide do presidencialismo. Em 1961, para evitar um golpe militar, optou-se pelo parlamentarismo, sendo que o plebiscito de 1962 rejeitou esse sistema e nos fez voltar ao presidencialismo.

A rejeição se deu pela falta de informação do povo e pela ausência de uma tradição, ainda que tenhamos tido uma experiência próxima ao parlamentarismo durante o Império, quando os governos eram nomeados pelo imperador, que detinha o Poder Moderador, com o qual podia dissolver o Parlamento e substituir o governo.

Em 1964, as reformas de base, agrária e urbana, assim como o sindicalismo exacerbado, acabaram desembocando no regime militar, com a suspensão das garantias constitucionais e eleições indiretas para presidente.

Artigo inédito, escrito em 2016.

Com o esgotamento do regime militar, que sucumbiu ao clamor popular contra a tortura e pelo movimento das diretas, retornamos à democracia, dentro do regime presidencialista, com a transição operada pelo presidente Sarney, seguida por Fernando Collor, que renunciou antes de sofrer *impeachment*, e Itamar Franco, que completou o mandato. E em seguida, Fernando Henrique venceu Lula e foi reeleito, sendo sucedido depois por Lula.

Fernando Henrique estabilizou a moeda e venceu a inflação. Lula, por sua vez, conseguiu uma grande inclusão social, com o bolsa-família.

Com o fortalecimento do PT, Lula conseguiu fazer a sucessora, Dilma Rousseff, a primeira mulher a ocupar a Presidência e cujo mandato coincidiu com uma grave crise internacional e com a queda dos preços das *commodities* e uma grande parada no crescimento da China, a grande compradora do Brasil.

Esse quadro foi o estopim para uma séria crise política, com o agravante da crise social e econômica, em razão da baixa dos preços do petróleo e com o auge das investigações sobre corrupção em Curitiba, conduzidas pelo juiz federal Sérgio Moro, envolvendo empreiteiras – que a mídia passou a denominar Operação Lava Jato.

Ao tentar envolver o ex-presidente Lula, ocorreu um fato muito grave, que foi a sua condução coercitiva, sem prévia intimação judicial, para depor, o que contraria dispositivo expresso do Código de Processo Penal. Sem sombra de dúvida, foi uma violência desnecessária e ilegal, provocando enorme comoção pública, com manifestações a favor e contra a decisão.

Na sequência, no início de uma ação penal, o Ministério Público de São Paulo formulou um pedido de prisão preventiva contra Lula, muito criticado pelos processualistas penais pela falta de um sólido fundamento legal e pelo fato de a prisão preventiva ser um remédio excepcional que não precisaria ser utilizado contra um ex-presidente da República.

Essa instabilidade política recomenda que se volte a pensar na adoção do parlamentarismo, pois, nesse sistema, quando o governo vai mal existe o voto de desconfiança, com a queda do governo.

Mesmo dentro do presidencialismo, há alguns modelos mistos e extremamente democráticos que adotam o *recall*, que é o chamamento a novas eleições, em casos determinados.

Essa é uma questão que precisa ser discutida pela sociedade brasileira e, talvez, no futuro, possa ser uma solução para crises políticas como a que estamos vivendo.

Mas, no nosso presidencialismo, não há motivo para que, sob o falso argumento de uma eventual má gestão, tente-se derrubar um governo legitimamente eleito, banalizando-se o uso do *impeachment*.

Para que se pense na adoção do parlamentarismo, há que se lembrar de que a ideia já foi rejeitada em plebiscito e, por isso, é extremamente difícil ser discutida e resolvida em momento de grave crise política.

Enfim, tanto o *recall* como o parlamentarismo poderão vir a ser soluções futuras para o nosso país, mas difíceis de serem adotadas na atual conjuntura.

Em qualquer hipótese, as alterações deveriam se dar por meio de eleições diretas, que são a melhor forma de se restaurar a paz política, já que todo o poder emana do povo e nenhuma manobra política suprirá a sua voz.

Acima de tudo, é necessário respeitar os princípios constitucionais, que são a única fonte legítima de qualquer mudança democrática.

Por isso, reitera-se que a convocação de eleições presidenciais diretas seria a melhor solução para a grave crise institucional que vivemos hoje.

O GOLPE DE 1964

Após 50 anos, é bom refletir sobre os acontecimentos de 1964, que tiveram consequências trágicas para a democracia e para os direitos humanos.

É indiscutível que houve a quebra da ordem constitucional, com a derrubada de um presidente, legitimamente eleito, e a designação de um militar, marechal Castelo Branco, para assumir o governo.

Os presidentes da República, ao invés de serem escolhidos em eleições livres, passaram a ser nomeados pelo alto comando do Exército, o que continuou até a volta das eleições diretas, em 1989.

O país vivia um período de legalidade constitucional que vinha desde 1946, com imprensa livre e sem censura.

Apesar dos percalços da renúncia de Jânio Quadros, em 1961, e da necessidade de um movimento de resistência popular para garantir a posse do vice-presidente João Goulart, que estava na China, em missão oficial, conseguiu-se uma solução de compromisso através

Artigo inédito, escrito em 02 de abril de 2014 e atualizado em 2016.

de breve parlamentarismo de transição, dando-se posse ao vice-presidente, findo o qual se voltou ao presidencialismo.

As falsas razões para a derrubada do presidente sugerem que haveria um levante comunista e sindicalista, fato que jamais ficou provado, mas a verdade é que o governo norte-americano, por meio do embaixador Lincoln Gordon, chamou uma força-tarefa naval, liderada pelo portaaviões Forrestal, que chegou até a costa do Nordeste, na Operação Brother Sam, e só não chegou a agir em função do rápido sucesso militar do golpe, fato este até alguns anos encoberto e comprovado por documentos oficiais do governo norte-americano.

A sociedade foi mobilizada pelos meios de comunicação e pela Marcha da Família com Deus pela Liberdade, com o apoio da Igreja, preparando o clima para a derrubada do governo.

É certo que o governo Goulart vivia tempos conturbados, que resultaram na rebelião dos sargentos em Brasília, em 1963, e depois, em 1964, na tumultuada assembleia dos sargentos no Automóvel Club e na frustrada rebelião dos marinheiros, liderada pela estranha figura do cabo Anselmo, que seria agente duplo do governo norte-americano. Esses fatos abalaram o princípio sagrado da hierarquia militar e facilitaram o golpe, pois o ministro da Guerra, general Jair Dantas Ribeiro, estava hospitalizado, nada podendo fazer.

O presidente da República precisou deixar Brasília por questões de segurança, no dia 1º de abril, seguindo para Porto Alegre, onde o governador Leonel Brizola queria iniciar um movimento militar com o apoio do general Ladário, comandante do III Exército e de várias unidades militares.

Jango, como era carinhosamente chamado, não permitiu a resistência, o que, analisado nos dias de hoje, mostra que foi um gesto de desapego ao poder e amor ao país, pois, seguramente, haveria uma intervenção militar norte-americana, o que seria um desastre e provocaria uma guerra civil sangrenta, colocando em risco a integridade territorial brasileira. O presidente deposto agiu como um estadista, retirando-se pacificamente para o Uruguai.

Como dizia o presidente general Eurico Gaspar Dutra, é sempre bom consultar o "livrinho", ou seja, a Constituição, para saber se ela permite aquilo que muitas vezes não passa de desvarios de políticos golpistas e irresponsáveis e de empresários e militares inconformados com a ordem democrática e constitucional, amparados por uma sociedade elitista e mal informada.

Na época promotor de Justiça substituto, assisti perplexo, como muitos colegas, à quebra da ordem constitucional, mas não tinha conhecimento dos envolvimentos econômicos e internacionais que levaram o país à ditadura militar e à prática da tortura, com milhares de mortos, feridos e desaparecidos. Tristes episódios de nossa história, que começaram a ser desnudados pelas Comissões da Verdade e que também serão objeto de investigação pelas Forças Armadas.

A história recomenda não nos afastarmos do estado democrático de direito, pois os conflitos políticos e sociais devem ser resolvidos no Parlamento, obedecendo-se sempre ao ordenamento constitucional. Os militares não devem se envolver em questões político partidárias, distanciando-se de seu papel de defensores da lei e da ordem constitucional.

As amargas lições de 1964 devem ser lembradas no momento presente, quando o radicalismo político de situação e oposição poderá nos levar para caminhos tenebrosos e, por isso, mais do que nunca é lembrada a advertência do presidente Eurico Gaspar Dutra, que, em 1950, nos momentos de crise política, indagava "se a Constituição permitia". Com seu pulso e visão de estadista, ele conseguiu terminar seu mandato, mas as paixões se exacerbaram e acabaram desembocando na morte de Getúlio, em 1954, na renúncia de Jânio, em 1961, e, mais à frente, no golpe militar de 1964, quando se desrespeitou o mandato do presidente João Goulart, que havia sido legitimamente eleito.

Neste momento de grave crise política, para que não repitamos os erros do passado, é indispensável não esquecer as lições da história, em especial da turbulência vivida em 1964, que guarda muita semelhança com o momento atual, com exceção do comportamento das Forças Armadas, que tem sido impecável.

É lamentável, mas é possível que estejamos assistindo, 52 anos depois, a um golpe parlamentar, usando-se, indevidamente o processo de *impeachment* para derrubar uma presidenta legitimamente eleita, o que desembocará, fatalmente, em gravíssima crise institucional, de consequências imprevisíveis e que carimbará o governo substituto com a mancha da ilegitimidade democrática.

AS FORÇAS ARMADAS, A SEGURANÇA PÚBLICA E A DEMOCRACIA

O artigo 142 da Constituição Federal estabelece que as Forças Armadas, compostas do Exército, Marinha e Aeronáutica, têm, por função primordial, a defesa da pátria, a garantia dos poderes constitucionais e a defesa da lei e da ordem.

A Constituição de 1988, no capítulo das Forças Armadas, segue a tradição das constituições republicanas e imperial, vinculando a instituição à defesa da pátria.

A chamada Revolução de 1964 trouxe, a partir dos atos institucionais, da Constituição de 1967 e da emenda nº 1, de 1969, o conceito de segurança nacional, que abrangia a segurança interna e externa.

É verdade que o conceito de segurança interna estava mais voltado para o combate ao terrorismo, o que não impede a sua utilização em circunstâncias especialíssimas para o restabelecimento da lei e da ordem, como preceitua o artigo 142.

Artigo escrito originalmente em outubro de 2004, publicado no livro *Violência e Corrupção no Brasil* (2013) e e atualizado em 2016.

Todos os principais comentaristas da Constituição defendem a utilização das Forças Armadas nessa hipótese, conforme se vê dos comentários de Luiz Pinto Ferreira, José Cretella Jr., Celso Bastos, Ives Gandra Martins e Manoel Gonçalves Ferreira Filho. Este último diz textualmente:

> "A Constituição estabelece o Estado de Direito, que tem com um dos seus pilares a supremacia da lei. Compete às Forças Armadas assegurar o respeito à lei e, como a lei define a ordem, por via de consequência a manutenção da ordem. Este preceito autoriza claramente que as Forças Armadas sejam empregadas no âmbito interno, não só para garantir a ordem, ainda quando não houver ameaça para os poderes constituídos. Permite, portanto, que as Forças Armadas sejam utilizadas em missão de polícia, se necessário."

O que pretendo enfatizar é o fato de que as Forças Armadas, ao longo de sua história, estiveram sempre vinculadas à defesa da nação, como seu valor fundamental, o que não impede a sua utilização, em circunstâncias especialíssimas, para o restabelecimento da lei e da ordem.

A Carta Magna, em outro capítulo, trata da questão da segurança pública e da competência das diferentes polícias (artigo 144), ou seja, há uma nítida separação entre o conceito de Força Armada e Polícia.

A Polícia Militar tem a seu cargo o policiamento preventivo e repressivo da criminalidade e a garantia da ordem pública.

A Polícia Civil tem a responsabilidade da investigação criminal, ao passo que a Polícia Federal tem por função a investigação dos delitos cometidos contra a União, bem como os crimes transnacionais, dentre os quais se destacam o tráfico de armas e o de drogas.

Outro importante ator na área da segurança pública é o Ministério Público, titular da ação penal pública, com a responsabilidade do controle externo das polícias e cuja ação está disciplinada no artigo 129 da Constituição. Com o aumento da criminalidade violenta, da corrupção na administração pública e do tráfico internacional de drogas e de armas, cresceu em muito a sua responsabilidade e importância, sendo sua ação visivelmente ampliada na atual Constituição.

Na última década, de modo especial, houve o crescimento de determinadas modalidades criminosas transestaduais e transnacionais, extrapolando o campo da segurança pública, interessando a mais de uma polícia estadual, à Polícia Federal e, sob certos aspectos, até às Forças Armadas.

O sequestro, o tráfico de armas de fogo, inclusive de armas pesadas, privativas das Forças Armadas, e o tráfico internacional de drogas são delitos que envolvem criminosos nacionais e estrangeiros, civis e militares, que, muitas vezes, operam a partir do exterior e usam equipamentos e meios de transportes rápidos e modernos, que têm colocado em xeque as polícias estaduais e até a federal, que não estão totalmente preparadas para esta nova realidade.

O roubo de armas dentro de quartéis e o assalto de estabelecimentos militares, bem como a ocorrência de confrontos parabélicos na periferia de grandes cidades, com uso de granadas e balas traçantes, são episódios graves e que não podem ser desconhecidos, demonstrando a necessidade do aprimoramento do sistema de segurança de nossas unidades militares.

As Forças Armadas, a segurança pública e a democracia

O Brasil, em razão da deficiência de suas polícias e de suas extensas fronteiras terrestres, marítimas e aéreas, é alvo fácil da ação desses criminosos, sempre ligados ao crime organizado e que movimentam grandes somas de dinheiro, provocando enorme prejuízo à imagem do país e comprometendo o turismo, ao afugentar os visitantes, com receio da violência das grandes cidades.

Não podemos fechar os olhos para o fato de que grandes produtores de cocaína e maconha fazem fronteira com o nosso país e que o comércio ilegal de entorpecentes chega a atingir a astronômica cifra de 400 bilhões de dólares anuais, segundo informes das Nações Unidas.

O crescimento da criminalidade violenta, da lavagem de dinheiro, do tráfico de drogas e de armas está apavorando a população de grandes centros urbanos no Brasil. Ainda que não sejamos os únicos a enfrentar esse problema, não podemos mais tratá-lo com as armas do Código Penal de 1940.

Arrastões, megarrebeliões, sequestros de empresários, sequestros-relâmpagos, assassinatos de jornalistas, promotores e juízes, fechamentos do comércio são fatos graves que não têm merecido a devida resposta do Estado e, acima de tudo, a punição dos culpados, o que gera a impunidade e o estímulo a ações mais ousadas.

Neste momento, para melhor compreendermos a explosão da criminalidade violenta, é oportuno lembrarmos de alguns marcos históricos às vezes esquecidos.

Vamos voltar aos anos 1968/70, quando, de forma mais intensa, começou a mudar o padrão da criminalidade, do furto para o roubo, coincidindo com o terrorismo pós-1964 e os assaltos a bancos praticados pela esquerda revolucionária. Esse comportamento foi assimilado pela criminalidade comum e data dos anos 1970 o surgimento, na Ilha Grande, do Comando Vermelho.

O outro componente dos anos 1960/70 foram os entorpecentes, desde a inocente maconha até a cocaína, heroína e drogas sintéticas, introduzindo um novo e lucrativo ingrediente na criminalidade, até então restrita aos delitos patrimoniais.

Concomitantemente, nos anos 1968/70, surgiu em São Paulo e Rio de Janeiro, e depois no Espírito Santo, o Esquadrão da Morte, que quebrou a relação de respeito que havia até então entre polícia e bandido, iniciando um ciclo de violência e desrespeito à autoridade constituída, que perdura até os nossos dias.

Diante da gravidade do quadro da criminalidade violenta, não se pode dizer que a mesma não interesse às Forças Armadas, principalmente quando ela ocorre pelas nossas fronteiras, sem que isto signifique envolvimento direto na repressão.

Operações conjugadas, ações de apoio à Polícia Federal, presença ostensiva nas áreas fronteiriças, portos e aeroportos já têm ocorrido e são extremamente benéficas, quando devidamente planejadas. Várias delas têm sido realizadas, com êxito, no Rio de Janeiro e em zonas fronteiriças.

A segurança pública no combate à criminalidade comum do dia a dia jamais poderá ser objeto da ação das Forças Armadas, mas o crime organizado e o tráfico internacional de armas e de drogas podem e devem ser alvo da atenção e da cooperação dos militares, já que muitas vezes são delitos transnacionais.

Assim, o Exército, por meio dos batalhões de fronteira, poderia desenvolver ações de apoio ao policiamento efetuado pelas polícias estaduais e federal, principalmente no combate ao tráfico de armas e entorpecentes.

A Marinha deveria atuar mais intensamente no litoral, em especial nos grandes portos, como Rio de Janeiro, Santos, Vitória, Paranaguá etc., pois todos sabem que o tráfico de armas e entorpecentes usa os portos nacionais como porta de entrada.

A Aeronáutica deveria exercer uma melhor fiscalização do espaço aéreo, das pistas de pouso clandestinas, visando à sua destruição, com ênfase na Amazônia e nos grandes aeroportos nacionais. A sua ação vem se tornando muito mais intensa com a regulamentação da Lei do Abate (Lei nº 9.614, de 5 de março de 1998, regulamentada pelo Decreto nº 5.144, de 18 de julho de 2004), matéria delicada e que necessitará de uma intervenção extremamente cautelosa.

Hoje podemos afirmar que a Força Aérea tem uma excelente cobertura do território nacional de radares, por meio do Cindacta e de equipamentos de última geração representados pelos Super Tucanos, o que nos dá uma razoável tranquilidade em termos de possibilidades de uma boa fiscalização do espaço aéreo. A opção preferencial deverá sempre ser a perseguição, com ordem de pouso, preservando-se as vidas e destruindo as pistas clandestinas.

O Estado-Maior, os serviços de informação e a Abin certamente armazenam dados valiosos, que poderão ser mais bem utilizados em ações conjuntas de repressão ao tráfico de armas e de entorpecentes. Aqui existe um enorme desperdício de dados e a falta de um melhor entrosamento entre os organismos de informação, que são fundamentais para o combate de uma criminalidade muito mais organizada e perigosa.

Não nos esqueçamos de que a violência dos grandes centros urbanos, que, lamentavelmente, está aumentando, encontra-se umbilicalmente ligada à falência do Estado no combate à macrocriminalidade, que tornou o crime uma atividade empresarial.

Os episódios do Rio de Janeiro em 2004, que levaram a uma reportagem cujo título é injusto, ao chamá-la de "Capital da Cocaína e da Violência", são um lembrete do risco que corremos, pois, se é verdade que o Rio não produz cocaína e é tão violento como outras grandes cidades do mundo, também é certo que o entorpecente ali chega com a maior facilidade pelas nossas fronteiras que não têm a devida fiscalização da Polícia Federal. Não podemos nos esquecer de que a produção de entorpecentes no Brasil está praticamente restrita a uma área mínima do sertão pernambucano, sendo o país muito mais uma rota de passagem, o que prioriza a necessidade de uma fiscalização mais eficaz.

Se estiver sepultado o velho conceito de segurança nacional vinculado ao regime militar, há necessidade de se criar uma nova filosofia de ação na área de segurança pública, que defenda o país de audaciosos criminosos internacionais que movimentam quantias astronômicas de dinheiro, contribuindo decisivamente para o aumento da criminalidade nos grandes centros urbanos.

O governo federal tem realizado ações dentro desse novo conceito, superando dificuldades, por meio da Lei Complementar nº 97, de 9 de junho de 1999, alterada pela Lei Complementar nº 117, de 2 de setembro de 2004, que permitiu a utilização das Forças Armadas em ações de suporte às polícias estaduais e federal. Essa cooperação já ocorreu, com sucesso, nos morros do Rio, na Amazônia e em outras áreas do território nacional.

Num patamar intermediário, mas dentro dos limites constitucionais e do espírito das leis nº 99 e 117, nada impede o apoio das Forças Armadas às Forças-Tarefas, nova e moderna modalidade de integração entre as ações das diferentes polícias e as forças militares, que podem ser instaladas em diferentes pontos da Federação onde houver desafios a serem enfrentados, como ocorreu em mais de uma oportunidade no Governo Fernando Henrique Cardoso, no Rio de Janeiro e Espírito Santo, entre outros estados, na gestão do ex-ministro da Justiça Miguel Reale Junior, com amplo sucesso.

Nas Forças Tarefas, existe um papel de destaque para a área de inteligência militar, que poderá ser muito mais bem utilizada no planejamento de operações complexas, principalmente nas áreas fronteiriças.

Para enfrentar esses novos desafios, que não são tarefas precípuas das Forças Armadas, mas para os quais não podem deixar de colaborar, acompanhando a sua evolução, é necessária uma grande ampliação da Polícia Federal, cujo contingente de menos de 10.000 homens é absolutamente insuficiente para a enormidade de sua missão. Aqui, seguramente, reside a principal deficiência do Estado brasileiro no combate ao crime organizado, daí decorrendo, em consequência, as ações violentas nos grandes centros urbanos.

Enquanto o efetivo da Polícia Federal não for adequado à sua destinação constitucional, os estados vão continuar a sofrer as consequências de sua omissão, em decorrência da insignificância numérica de seus quadros.

Além disso, é importante frisar a necessidade da criação de uma Força Federal de Intervenção para situações-limite de descontrole da segurança pública estadual, que não necessitem da decretação do estado de sítio e de defesa.

Dentro dessa linha, foi criada, em junho de 2004, a Força Nacional de Segurança Pública em forma de programa de cooperação entre a União e os estados. Foi um primeiro e importante passo e tem funcionado, com razoável sucesso, para situações emergenciais, quando solicitada pelos estados da Federação.

Por derradeiro, por força de sua ação no combate ao tráfico de armas e de entorpecentes, há que se tomar excepcional cuidado com a colaboração de outros países no financiamento de suas ações, para resguardo da soberania nacional, o que não exclui a necessidade da colaboração internacional.

A ousadia do crime organizado, como ficou demonstrado em CPI da Câmara Federal em 2004, impõe a necessidade de uma ação abrangente e coordenada do Estado brasileiro, devendo ser fortalecida a Secretaria Nacional de Segurança Pública, como órgão coordenador das polícias estaduais e federal, usando sempre que necessário o apoio das Forças Armadas. Para isso, é preciso um perfeito entrosamento entre o Ministério da Justiça e o da Defesa.

As questões aqui abordadas são extremamente delicadas, trazendo novos desafios ao Estado e à destinação constitucional das Forças Armadas, mas não podem ser desconhecidos e precisam ser enfrentados com coragem e prudência, para que não se caia no erro da omissão ou no equívoco do emprego das Armas para ações que não lhe são próprias e para as quais não se encontram preparadas.

Por isso, tenho fé na sua ação e na colaboração dentro dos limites constitucionais no combate ao narcotráfico e ao tráfico de armas, por meio de uma melhor fiscalização de nossas fronteiras terrestres, marítimas e aéreas, em trabalho conjugado com a Polícia Federal, que precisa ser urgentemente ampliado, para poder atender com eficiên-

As Forças Armadas, a segurança pública e a democracia

cia a sua enorme e complexa atividade, devendo as forças militares estar sempre no comando das operações conjuntas, como determina o artigo 13, parágrafo 5, da Lei nº 117, de 2004.

Mais uma vez, tenho a certeza e a convicção de que as Forças Armadas cumprirão o seu papel, seguindo o lema de Barroso, que, na mais importante batalha naval da Guerra do Paraguai, proclamou: "O Brasil espera que cada um cumpra o seu dever". Mantenho a esperança da construção de uma nova política de segurança, num país democrático, onde o cidadão possa viver em paz, em especial nos grandes centros urbanos, garantindo aos cidadãos brasileiros os direitos básicos à vida, à integridade física e à liberdade de locomoção, restabelecendo os laços de solidariedade e de cordialidade que caracterizam a nossa gente.

Os desafios são grandes, ampliados em 2015-2016 por uma grave crise política, mas os sonhos de uma sociedade mais justa e pacífica hão de prevalecer sobre a radicalização política e a barbárie da intolerância. Em nenhuma hipótese aceita-se transformar-se as Forças Armadas em força policial, a serviço de interesses políticos.

A PRISÃO DOS MENSALEIROS

A expedição de ordens de prisão no dia 15 de novembro de 2013 contra alguns dos principais líderes do processo 470, que tramitava no Supremo, conhecido como Mensalão, suscitou reações diferentes dos acusados e da sociedade brasileira.

Em primeiro lugar, há que se notar que a data escolhida foi a da proclamação da República, o que não deixa de ser uma infeliz coincidência, pois os principais réus eram figuras de relevo do partido governista, o que reforça a ideia de que se tratou de um processo político. Compreende-se a preocupação, com a eventual lentidão do processo, mas a pressa com que foram emitidos os mandados de prisão suscitou temores de rigor seletivo.

Algumas ponderações devem ser feitas. Se é verdade que alguns dos réus, como José Dirceu e José Genoino, líderes nacionais do PT, prestaram grandes serviços ao país na derrubada do regime militar, também não se pode pretender transformar o Supremo Tribunal Federal em réu das gravíssimas acusações que foram produzidas no processo,

---

Artigo inédito, escrito em 16 de dezembro de 2013 e atualizado posteriormente.

pela Procuradoria-Geral da República, como se o Tribunal fosse culpado dos desvios apontados, o que seria um total contrassenso.

É preciso recordar que o processo, que teve grande cobertura da imprensa, permitiu, também, ampla defesa aos réus, que usaram, com todo o direito, os recursos que a lei processual penal permite.

Por outro lado, cada um responde pelos seus atos e, se houve exageros, como alegam os acusados, cabe a eles, por meio de eventual recurso de revisão criminal, demonstrar ao Supremo onde e quando os juízes da mais alta corte do país se equivocaram. Daí dizer-se que se trata de um julgamento político é um equívoco, que tenta confundir a opinião pública, comparando-o com os verdadeiros processos políticos que ocorrem nas ditaduras militares.

É assim que funciona o estado democrático de direito. Fora daí, estaremos enveredando pela ditadura. Pois ninguém é dono da verdade.

Também não deixa de ser verdade que, diante da reação da sociedade brasileira frente aos escândalos do Mensalão, as instituições responderam de modo absolutamente democrático. Se os réus vieram a ser condenados, isto é consequência das provas produzidas.

Ninguém deve se regozijar do desfecho condenatório, pois isto seria um sentimento de vingança, incompatível com o respeito ao próximo, mas da mesma forma ninguém pode aplaudir as condutas reveladas.

Se houve injustiças, elas só poderão ser corrigidas por meio da revisão criminal ou de recurso a organismos internacionais, que são direitos legítimos dos réus.

Na discussão sobre o cumprimento das penas, deve-se observar estritamente o que decidiu o Supremo e o que disciplina a Lei de Execução Penal. Um dos réus, o deputado José Genoino, estaria gravemente enfermo. Nesse caso, sendo provada essa situação de saúde e não havendo condições para o sistema penitenciário acolhê-lo, com segurança quanto à sua saúde, o dever é conceder a ele, imediatamente, o direito à prisão domiciliar, sem nenhum tipo de revanchismo.

Dir-se-á que existe outro escândalo semelhante, conhecido como Mensalão Mineiro, envolvendo importantes lideranças do PSDB, aguardando julgamento no Supremo, e que estaria tendo uma tramitação lenta, sem qualquer justificativa para isso. E, além disso, eclodiu em 2014, outro escândalo de corrupção na Petrobras, envolvendo lideranças do governo.

Esse novo episódio de corrupção e suas investigações passaram a se denominar Operação Lava Jato e levaram às manchetes o juiz Sérgio Moro, às vezes acusado de abuso. Mas devemos nos lembrar de que as decisões têm sido analisadas pelos tribunais superiores e pelo Supremo, tudo com enorme repercussão na mídia, tendo em vista as personalidades políticas envolvidas.

O que se espera é que o Supremo Tribunal Federal e a Justiça Federal tenham a mesma imparcialidade e celeridade nesses outros casos, o que demonstraria que a sociedade brasileira não compactua com o mau uso do dinheiro público, qualquer que seja a corrente política envolvida, preservando-se sempre o direito à defesa.

Observação: Além dos tipos penais de corrupção ativa e passiva e advocacia administrativa, previstos no Código Penal, existe a Lei nº 8.429, de 1992, que define os casos de enriquecimento ilícito praticado por deputado no exercício do mandato e por funcionário público, mas as penas são muito pequenas.

SOCIEDADE INDIGNADA

A crise política provocada por uma gravação nos Correios e pela denúncia do deputado Roberto Jefferson, em 2005, deixou a sociedade brasileira indignada, perplexa e em estado de choque. Pouco importam as motivações do deputado, até então um parceiro do governo, porque suas acusações narram fatos, com dia, hora, local e personagens, de um vastíssimo esquema de corrupção envolvendo partidos políticos, a Câmara dos Deputados e o Poder Executivo com a compra sistemática de votos de parlamentares para apoiarem projetos do governo.

Aos poucos e de forma assustadora, os fatos começaram a ser comprovados pelo testemunho de deputados, ministros, secretárias, diretora financeira, arapongas, presidentes de partidos, dirigentes partidários, deixando o povo descrente e desiludido com a classe política.

Na história republicana recente, nem o *impeachment* de Collor, o suicídio de Vargas, a renúncia de Jânio ou a deposição de Jango se equiparam em gravidade ao que está sendo revelado a cada dia,

---

Artigo originalmente escrito em agosto de 2005, publicado no livro *Violência e Corrupção no Brasil* (2013) e atualizado em 2016.

como num filme de terror, em episódios sucessivos que se suplantam na descoberta de fatos horripilantes.

De um só golpe jogaram-se na lata do lixo os princípios do artigo 37 da Constituição Federal da legalidade, da impessoalidade e moralidade da administração pública no Poder Executivo, com uma sucessão, sem precedentes, de escândalos administrativos.

Além das testemunhas, começam a surgir documentos incriminadores, como o relatório do COAF, os extratos bancários e contratos de empréstimos feitos por um partido político com o aval do publicitário Marcos Valério, que, segundo o deputado Roberto Jefferson, seria o operador de um sistema de corrupção denominado Mensalão, representado pelo pagamento de propina a parlamentares e que também se beneficiaria de contratos milionários com órgãos públicos.

E tudo anotado na agenda indiscreta da secretária Karina (voos, hotéis, salas do Planalto e restaurantes), confirmado pela agenda oficial de um ministro, como num filme de suspense, em que aos poucos se vai desvendando todo um cenário tenebroso.

Com o passar dos dias e o surgimento de novas provas, a metástase política se alastra e cruza o Atlântico, de modo assustador, atingindo empresas e o governo português, sempre com a presença do operador Marcos Valério.

Os fatos narrados põem a nu um sistema político falido e minado pelo poder econômico de corporações e gente sem escrúpulos, interessada unicamente num jogo de poder, com um despudor, sem paralelo.

O governo já tinha tido o aviso do caso Waldomiro, que preferiu abafar sem uma apuração concludente.

Dessa vez, de um só golpe, desmoralizaram o Congresso, atingiram o Executivo e a crise ameaçou as instituições democráticas.

Nesse e em outros casos, as investigações parlamentares, policiais e do Ministério Público precisam apurar em toda a extensão os fatos, punindo-se os culpados, e os partidos acusados devem depurar seus quadros ou, então, mais cedo ou mais tarde, uma onda de revolta popular poderá levar a grave crise institucional.

A ação do deputado Roberto Jefferson acabou prestando um serviço ao país ao colocar na mídia escrita e televisada a podridão de um sistema político excludente do povo e a serviço de uma elite corrupta.

Neste grave contexto nacional, o instituto da ouvidoria nos três poderes e uma Ouvidoria Geral, autônoma, independente e devidamente instalada, poderia ter servido de antídoto, advertindo os governantes da tempestade que se aproximava, adotando-se medidas preventivas e saneadoras.

É preciso, precisa lancetar o tumor, cortando na própria carne.

Apesar de tudo e do desalento momentâneo da sociedade, a luta continua em favor da apuração das responsabilidades e da construção de um sistema político que elimine de vez essas mazelas.

E nós, comprometidos com a defesa da cidadania e da probidade administrativa, temos que unir nossas vozes exigindo a punição dos culpados e uma ampla reforma política que preserve a República e as instituições democráticas.

Entre outras medidas fundamentais, dever-se-ia aproveitar o momento histórico para se adotar:

1. Voto distrital misto;
2. Fidelidade partidária;
3. Proibição da reeleição;
4. Financiamento público de campanha;
5. Crime de responsabilidade para prefeitos;
6. Impossibilidade de o parlamentar renunciar para evitar a cassação de mandato;
7. Criação do instituto da ouvidoria na Constituição;
8. Abertura obrigatória do sigilo fiscal e bancário dos ocupantes de cargos públicos e mandatos parlamentares;
9. Proibição de campanhas milionárias na televisão, equalizando os programas eleitorais.

Quando a desesperança e a angústia tomam conta do país, a luta pelo fortalecimento das ouvidorias, a punição dos responsáveis pelo desmando denunciado e o aperfeiçoamento das instituições democráticas poderão pavimentar a construção de uma nova nação com instituições mais sólidas e transparentes, que torne difícil a ocorrência de desmandos como os que estamos assistindo, estupefatos e estarrecidos.

Observação: A CPI dos Correios acabou se transformando no processo do Mensalão, como denúncia do procurador-geral da República contra vários e importantes líderes políticos e empresários, que, afinal, em 2013, foram condenados pelo Supremo Tribunal Federal.

Na sequência, tivemos, a partir do fim de 2014, a Operação Lava Jato, aplaudida por uns e condenada por seus excessos por outros, num quadro de grave radicalização política, cujas consequências se tornaram imprevisíveis a partir do início do processo de *impeachment*, em razão de denúncia ofertada por Hélio Bicudo, Miguel Reale Jr. e Janaina Paschoal.

MOVIMENTOS DE PROTESTO DE JUNHO DE 2013

O Movimento Passe Livre, em junho de 2013, iniciou um grande protesto contra o aumento da tarifa de ônibus pela Prefeitura de São Paulo, obtendo sucesso, porque o poder público municipal voltou atrás, cancelando o aumento.

Mas os estudantes, ao iniciarem o movimento na Avenida Paulista, acabaram despertando a população em São Paulo e no Brasil com manifestações que levaram para as ruas milhões de pessoas, forçando os governos, em todos os níveis, a reabrir as discussões em torno de gravíssimos problemas, como educação, saúde, segurança pública e transporte de massa, que apresentam sérias deficiências no atendimento da população, principalmente quando o consumidor dos serviços públicos são as populações marginalizadas.

Durante as manifestações, é verdade que houve excessos, provocados por vândalos que precisam ser punidos e, também, lamentáveis excessos, por parte da polícia, agindo com incrível brutalidade e violência.

Artigo publicado no livro *Violência e Corrupção no Brasil*, de 2013, e atualizado em 2016.

O exemplo mais chocante se deu em São Paulo, no dia 13 de junho, quando, numa manifestação que reuniu milhares de estudantes e a população em geral, os mesmos foram covardemente agredidos pela tropa de choque, que prendeu arbitrariamente centenas de pessoas, entre elas sete jornalistas de diversos órgãos de imprensa, um dos quais perdeu a visão, sendo que uma jornalista da *Folha de S. Paulo* ficou gravemente ferida. O lamentável, nesse caso, foi a circunstância de que os jornalistas simplesmente estavam exercendo a profissão e cobrindo os acontecimentos.

Numa democracia é inconcebível que a polícia, que tem por função a defesa da ordem constitucional, porte-se com extrema violência, por maiores que sejam as provocações dos manifestantes.

A fatídica ação desse dia acabou acirrando os ânimos, provocando reações descontroladas.

Essas agressões contra a liberdade de imprensa e o estado democrático de direito não podem ser toleradas e seus autores precisam ser, exemplarmente, punidos.

Essas violências não ocorreram só em São Paulo, e recolocam em discussão o grave problema da segurança pública e a necessidade de se construir uma nova política relativa ao tema, que respeite o cidadão e faça com que o policial aja como um verdadeiro guardião da Constituição.

Por outro lado, a conduta policial mostra o absoluto despreparo da polícia para agir no controle de grandes manifestações públicas.

Finalmente, é importante destacar o papel de vanguarda da juventude que, mais uma vez, liderou os protestos e acabou envolvendo toda a sociedade brasileira, dando uma aula de democracia e cidadania.

Aliás, os estudantes com seu movimento de protesto, reafirmam uma longa tradição de inconformismo que vem desde a luta contra a escravidão pelos estudantes de direito, passando pela oposição à ditadura Vargas e à ditadura militar, pela defesa das causas da justiça e da democracia.

Os jovens tiveram a sua luta reforçada pela visita do Papa Francisco ao Brasil no mesmo ano de 2013, quando se realizou a Jornada Mundial da Juventude, que serviu para arejar, renovar e revigorar o catolicismo brasileiro, resgatando ideias defendidas pela Teologia da Libertação.

Além disso, os protestos foram pacíficos, o que confirma o caráter solidário e de justiça do povo brasileiro.

Espera-se que os governos e os partidos políticos aprendam a lição e colaborem para a construção de um país mais justo.

BLACK BLOCS

Alguns meses depois dos movimentos estudantis e populares de junho de 2013, começaram a surgir manifestações de violência e depredação de um pequeno grupo que foi crescendo, denominado *black blocs*.

Sem uma origem e plataforma definida, o comportamento desse grupo formado por jovens e alguns adultos se caracteriza por extrema violência e danos ao patrimônio público e privado. Destroem-se estabelecimentos comerciais e prédios públicos, num niilismo preocupante.

O que estaria por trás desse novo grupo social?

Talvez ainda seja cedo para responder, mas os mesmos têm as características de grupos que, no passado, deram origem ao fascismo e ao nazismo, com terríveis consequências para a humanidade.

Não podemos também nos esquecer de que são pessoas que pertencem a alguma família, que frequentaram a escola de primeiro e segundo grau e, às vezes, chegaram à universidade. E aí, cabe a pergunta: que tipo de formação e educação tiveram? Devem, também,

---

Artigo inédito, escrito em 04 de novembro de 2013.

pertencer a algum grupo religioso e viver numa determinada comunidade. E, então, surge a pergunta inevitável: o Estado e a comunidade não têm alguma responsabilidade na formação dessas pessoas?

Ou seja, não são seres de outro planeta, mas foram gerados e educados na nossa sociedade e, por isso, surgem as perguntas inevitáveis ou que, talvez, ninguém queira fazer e responder e se mostram também os riscos que o país poderá correr.

Na verdade, foram a família desestruturada, a escola de má qualidade e o discurso da violência que muitas vezes circula nos meios de comunicação e na internet que geraram esses monstros que não respeitam o próximo, as instituições e a democracia e que, pela violência, não chegarão a nenhum lugar, mas poderão desestabilizar a sociedade brasileira e, de certa forma, desmentir a tradição de que somos um país pacífico e tolerante.

Enfim, precisamos refletir sobre o fenômeno dos *black blocs* e tentar dialogar com os mesmos, para sabermos as causas desse preocupante e novo fenômeno social, em nossa realidade. Ainda que não seja a única razão para a deflagração desses movimentos, é indiscutível que os brutais desníveis sociais das periferias das grandes cidades brasileiras, criando milhões de marginalizados, podem ter influído na formação dos *black blocs*. Eles poderiam estar protestando de uma forma absolutamente equivocada, o que tornaria os fatos de muito maior gravidade, necessitando de uma profunda análise sociológica, para que se possam adotar políticas sociais preventivas, com ênfase na educação, pois essas manifestações não seriam, somente, um caso de polícia.

Precisa-se saber o que estaria por trás dos *black blocs*, pois é difícil acreditar que sejam atos isolados e sem nenhuma motivação.

CARTA À REPÚBLICA

Em 15 de novembro de 2005 a República comemorou 116 anos, passando pela mais grave crise de sua história.

Nunca no passado houve um momento tão delicado. As crises de 1922, de 1930, de 1945, de 1961, de 1964 e de 1990 não se comparam pela gravidade e pela extensão com o atual momento histórico. Todos os valores republicanos da ética, dignidade da função pública e parlamentar, probidade administrativa, independência do Congresso foram gravemente afetados. Passada uma década, pouca coisa mudou.

Uma mancha de corrupção cobre as instituições políticas do país. O Parlamento está com sua dignidade ferida. A crise não é apenas dos homens, é maior: é das instituições.

É hora de reagir. Não podemos permanecer calados.

As instituições políticas do país estão sendo duramente atingidas.

Artigo escrito em 2005, publicado originalmente no livro *Violência e Corrupção no Brasil* (2013) e atualizado em 2016.

Congresso, Executivo, partidos, todos, em alguma medida, estão comprometidos. É imprescindível uma investigação séria, irrestrita e corajosa. Não se pode transigir. Punições firmes e proporcionais às faltas praticadas são o único desfecho que os cidadãos brasileiros aceitam.

Isso só não basta. Já vivemos outras crises e já houve punições. As graves distorções nas práticas e procedimentos, hoje tornadas amplamente públicas, não são de agora. Mas a crise está permitindo desvelá-las de maneira crua e direta. Nunca apareceu tão claramente a necessidade de uma reconstrução republicana com mudanças profundas em nossas instituições políticas. Essa reconstrução precisa alcançar, num esforço pela prevalência absoluta da ética, todas as práticas sociais.

É fundamental, desta vez, refundar nossos sistemas político e eleitoral. Temos que atacar as origens dos desvios. Não se pode repetir os vícios das eleições anteriores.

Será necessário solicitar ao Superior Tribunal Eleitoral a análise de medidas que essa Corte poderá tomar, com vistas às próximas eleições, sem necessidade de autorizações legislativas, visando minimizar e superar as atuais distorções do processo eleitoral.

Neste sentido, queremos apoiar propostas formuladas pelo movimento Da Indignação à Ação quando sugere, entre outras, as seguintes medidas:

1- Com o intuito de reduzir os custos da campanha, 70% do horário eleitoral deverá ser dedicado a debates entre os candidatos, sendo que o restante será destinado a cenas externas e de estúdio;

2- Fechamento dos comitês eleitorais 3 dias antes das eleições;

3- Audiências públicas para a prestação de contas dos candidatos majoritários, abertas à população;

4- Realização de convênio entre os Tribunais de Contas dos Estados, o Tribunal de Contas da União e o TSE, para que seus auditores e técnicos em contabilidade auxiliem no controle das contas da campanha;

5- Criação de Disque-Denúncias nos Tribunais Regionais Eleitorais;

6- Dotar a Justiça Eleitoral de recursos financeiros para que possa realizar uma fiscalização mais efetiva.

Ao realizarmos em setembro de 2005, na Sala do Estudante da Faculdade de Direito, um ato público, queríamos sinalizar o inconformismo da sociedade brasileira e lembrar que dali partiram quase todos os grandes movimentos cívicos e democráticos da nação.

Em 26 de outubro de 2005 entregamos ao então presidente da Câmara dos Deputados, deputado Aldo Rebelo, um abaixo-assinado com 230.000 assinaturas pedindo a completa apuração dos fatos e a punição de todos os responsáveis pelo escândalo de corrupção sistêmica que abalou a nação.

Isso só, porém, não basta. Precisamos também corrigir urgentemente injustiças seculares que marginalizam um terço da população, que vive na pobreza, no analfabetismo, no desemprego e no desespero de uma vida sem paz e sem futuro.

Os fatos narrados põem a nu um sistema político falido e minado pelo poder econômico de corporações e gente sem escrúpulos, interessados, unicamente, num jogo de poder, com um despudor sem paralelo.

De só golpe, desmoralizaram o Congresso, atingiram o Executivo e a crise ameaça as instituições democráticas.

Como diz o eminente professor Goffredo da Silva Teles:

"O que nos infelicita é ver, entranhado nos tecidos dos poderes, o vírus da insensibilidade moral, da improbidade, até da corrupção. O que nos repugna é presenciar, por toda parte, um insidioso clima de perdição; é a degringolada ética da vontade política. (...) Mas, em nossos corações de inconformados, há uma incontida indignação, uma revolta incontrolável – uma onda decidida de oposição e de amor por nossa terra. E há uma convicção: a de que é preciso mudar o Brasil".

Queremos que a República volte a respeitar os princípios éticos daqueles que a construíram, com democracia social e justiça para todo o povo brasileiro.

Observação: Infelizmente, a situação descrita em 2005 não mudou muito. Mais recentemente, agravou-se, mesmo tendo havido eleições em 2014, quando a oposição, liderada por Aécio Neves, perdeu por pequena margem de votos. E, por incrível que pareça, a situação política tornou-se mais complicada em 2016, com o início do processo de *impeachment*, por meio de petição formulada por Miguel Reale Junior, Hélio Bicudo e Janaina Paschoal, que, afinal, veio a ser aprovado pela Câmara dos Deputados em 17 de abril de 2016, sendo enviado ao Senado.

SERVIÇO PÚBLICO E DEMOCRACIA

A reforma da Previdência tem servido para ataques e soluções profundamente injustos para o servidor e o serviço público.

Para os críticos apressados e desinformados e para os demagogos e oportunistas de plantão seria importante lembrarmos alguns princípios basilares do estado democrático de direito e da importância do servidor para a defesa da cidadania e da democracia (conferir artigo 37 da Constituição Federal).

Getúlio Vargas, logo depois da Revolução de 1930, entre seus méritos, carrega a decisão política de criar o DASP (Departamento de Administração e de Serviço Público), que, pela primeira vez, tentou normatizar o serviço público, criando carreiras e estabelecendo concursos públicos, para acabar com o nepotismo do Estado brasileiro.

A partir de 1990, o presidente Collor, a pretexto de combater os marajás, iniciou uma campanha de desmoralização e desmonte do serviço público com grave prejuízo para a população, com o desmanche

---

Artigo publicado originalmente na *Folha de S. Paulo*, em 24 de junho de 2003, reproduzido no livro *Violência e Corrupção no Brasil* (2013).

da administração pública. O final todos conhecemos, com o caçador de marajás sendo cassado pelo Congresso.

Para os esquecidos de hoje, é bom lembrar que o serviço público federal, estadual e municipal apresenta várias áreas de excelência, desde a universidade e a escola pública, formando profissionais de alto padrão, até os institutos de pesquisa que lutam permanentemente com a falta de recursos e apoio. Quem não se lembra, com saudades, do Caetano de Campos e do Colégio Roosevelt em São Paulo, do Colégio Pedro II e da Fundação Oswaldo Cruz no Rio de Janeiro, do Instituto Rio Branco, entre dezenas de áreas de excelência na formação de cientistas, professores, magistrados e diplomatas, além de outras carreiras? E, na área militar, o ITA (Instituto Técnico da Aeronáutica) e o Instituto de Engenharia do Exército, entre outros.

Com o agravamento da crise econômica, pretende-se gerar receita, penalizando o funcionalismo público como se ele fosse o responsável pela falência do modelo econômico que, ao longo dos anos, sempre privilegiou o capital financeiro especulativo.

Fala-se em teto, com redução de vencimentos, taxação de inativos, fim do direito do servidor de se aposentar com o salário integral e por aí afora, com os áulicos batendo palmas para o funeral do servidor.

Há anos sem aumento ou reposição salarial, com exceção de poucas carreiras, em flagrante desrespeito ao artigo 37 inciso X da Constituição Federal, ninguém se lembra dos policiais que arriscam a vida no dia a dia no combate à criminalidade violenta, dos juízes e promotores de Justiça ameaçados ou mortos no exercício de suas funções, dos diplomatas que se arriscam em regiões de conflito, dos pesquisadores que recebem salários indecentes, dos médicos que precisam ter vários empregos para sobreviver e dos professores sempre esquecidos, com vencimentos incompatíveis com a relevância de suas funções.

Ninguém fala e há um silêncio constrangedor diante do desaparecimento do dinheiro que o servidor de São Paulo recolheu durante mais de 50 anos para o IPESP (Instituto de Aposentadorias e Pensões do Servidor Público), cujo rombo atinge bilhões de reais, história que se repete na União com os sonegadores do INSS e com o dinheiro desviado dos antigos institutos de aposentadorias por categorias, usado em obras públicas. Com os recursos dos institutos, construíram-se estradas, escolas, postos de saúde e a nova capital, e esse dinheiro desviado nunca voltou para a previdência pública. Todos se esquecem dos sonegadores e dos bancos que cobram juros imorais e campeões em todo o mundo, que, junto com os ladrões do dinheiro público e o crime organizado, são os grandes responsáveis pelo desastre econômico da miséria e do desemprego!

E, fechando os olhos para a história e para a realidade, o governo embarca num caminho extremamente perigoso.

Se a Previdência precisa ser reformada, se a conta atuarial não fecha, a correção precisa ser feita às custas dos responsáveis pelo descalabro e não pela supressão de direitos inalienáveis dos funcionários.

Se houve excessos e abusos por parte de uns poucos servidores com salários milionários às custas de incorporações e *dobradinhas* escandalosas, a culpa cabe ao Legislativo, que permitiu esses desvios, e não à imensa e honrada classe dos servidores. A reforma é necessária, mas ninguém aceita o esbulho de seus direitos.

Presidente Lula, V. Exa., que é um trabalhador e um líder sindical, não pode renegar as suas origens e dar ouvidos àqueles que só sabem

Serviço público e democracia

dizer "Sim, senhor". Ouça a voz e siga o exemplo de Getúlio Vargas, revalorizando e dignificando o serviço público, base fundamental de um moderno e justo estado de direito.

Por derradeiro, é importante que o Congresso cumpra sua função com independência e altivez, expurgando o projeto de vícios de constitucionalidade, como, por exemplo, a taxação de inativos, a redução de vencimentos, a violação do princípio de independência dos poderes da República, entre outros, não esquecendo o deputado e senador que o mandato é do eleitor, que não perdoa os que traem a vontade do povo e se curvam às pressões inaceitáveis.

Entretanto, nunca devemos nos esquecer de que não há estado democrático de direito sem um bom serviço público.

Se o pior acontecer, só nos restam o recurso ao Judiciário e à arma do voto, para punir aqueles que fraudaram a esperança do povo brasileiro.

Parte 2
SEGURANÇA PÚBLICA E JUSTIÇA

UMA NOVA POLÍTICA
DE SEGURANÇA PÚBLICA

A escalada da violência é motivo de preocupação generalizada dos brasileiros.

Ora nos deparamos com a violência da criminalidade, ora com o despreparo da polícia, especialmente, no item letalidade nos confrontos, nos principais estados da Federação.

Em São Paulo e em diversos estados, nos últimos tempos temos assistido a uma escalada da violência da criminalidade, com um grande número de mortes, sendo que os criminosos começam a agir de modo cada vez mais cruel e visivelmente estão tentando atemorizar a sociedade e o Estado.

A política de segurança é de responsabilidade dos estados, mas com a participação efetiva da polícia e Justiça Federal, atuando, ainda, subsidiariamente, os municípios, com as guardas municipais. Entre outras medidas, as cidades brasileiras precisam melhorar a ilumi-

---

Artigo publicado originalmente no livro *Violência e Corrupção no Brasil* (2013) e atualizado em 2016.

nação pública, que é um fator inibidor da criminalidade, e ter uma atuação mais abrangente das guardas municipais no policiamento preventivo e comunitário.

O Poder Judiciário, de igual modo, tem papel relevantíssimo, prejudicado, quase sempre, pela lentidão processual, que muitas vezes leva à impunidade.

Papel igualmente importante exerce o Ministério Público, por meio do controle e fiscalização das polícias, nem sempre realizado.

Isto sem falar da legislação, muitas vezes geradora da impunidade e que, em certos casos, precisa ser mudada, com penas mais severas, como nos casos do tráfico de entorpecentes, do crime organizado e dos delitos com participação de menores, cuja medida de internação de três anos deveria ser dobrada na hipótese de crimes hediondos. Por todas essas razões, é preciso analisar com isenção o que vem acontecendo nas grandes cidades brasileiras quando vidas humanas são ceifadas de forma violenta e cruel.

Constata-se, ainda, que os recursos da Secretaria Nacional de Segurança Pública do Ministério da Justiça, incumbida de coordenar, fiscalizar e financiar as políticas públicas para a área, são notoriamente insuficientes e menores que os das Secretarias de Segurança Pública dos grandes estados brasileiros, o que é um verdadeiro contrassenso. São Paulo, Minas Gerais, Rio de Janeiro, Paraná, Rio Grande do Sul, Pernambuco e Bahia têm orçamentos maiores que a União. E aqui ficam perguntas que ninguém ousa responder: como isso é possível e como se pode construir uma política de segurança com recursos tão escassos?

Deve-se frisar que as verbas da União, além de serem pequenas, são, quase sempre, parcialmente bloqueadas por meio do contingenciamento, o que é um absurdo e demonstra a falta de interesse por essa área, que está longe de merecer a relevância que deveria ter.

O Ministério da Justiça deveria comandar, conjuntamente com os estados e municípios, um amplo debate visando à criação de um novo modelo de segurança pública.

Os estados remuneram mal os policiais e nem sempre a reciclagem e a preparação são adequadas, o que os desmotiva para a relevante função que exercem. Da mesma forma, os municípios investem pouco nas guardas municipais, nem sempre havendo uma coordenação e troca de informações entre a área estadual e a municipal.

Além disso, é preciso salientar os brutais desníveis sociais da periferia das grandes cidades brasileiras, com seus bolsões de pobreza que favorecem a eclosão da criminalidade violenta, em especial os crimes contra o patrimônio e o tráfico de entorpecentes. Por isso, é indispensável incrementar as políticas sociais e culturais nos grandes centros urbanos. Quando se investe nessas políticas para diminuir as desigualdades da sociedade brasileira, está se atuando de forma eficaz na prevenção da criminalidade.

Um aspecto, na política de segurança, que merece reflexão é a questão da intervenção da tropa de choque para o controle dos distúrbios sociais. O que se tem verificado, em todos os estados brasileiros, é o absoluto despreparo das polícias militares, com intervenções violentas e arbitrárias resultando em mortes e feridos. É preciso uma melhor preparação, impedindo o uso de armas que produzam ferimentos graves, como as balas de borracha, e adotando métodos modernos e não violentos.

Não há soluções milagrosas e é preciso que cada ator assuma as suas responsabilidades. Deve ser destacado que a União atua, ainda, de forma muito restrita na prevenção e repressão do tráfico de entorpecentes e da criminalidade violenta e organizada, sendo que as estruturas da Polícia Federal e da Polícia Rodoviária Federal são insuficientes para o amplo leque de suas atribuições, como no caso do policiamento fronteiriço. Na verdade, haveria necessidade de, no mínimo, dobrar o atual efetivo de ambas as corporações. Desse modo, poderíamos ter um policiamento das fronteiras mais efetivo e que poderia, sistematicamente, realizar operações conjuntas com as Forças Armadas nas regiões fronteiriças, em todo o território nacional, combatendo o tráfico de entorpecentes e o crime organizado, o que faria cair o índice de criminalidade nas regiões metropolitanas.

Finalmente, é importante que as diferentes organizações policiais superem rivalidades, intercambiando informações, para que obtenham melhores resultados, e que União, estados e municípios se unam no combate à criminalidade violenta.

Neste sentido, queremos levantar uma questão importante e que tem sido esquecida. Trata-se de medida simples, mas que enfrenta resistências fortíssimas das corporações policiais e diz respeito à questão da comunicação.

Poucas pessoas sabem que, nos estados, os rádios das viaturas das polícias civil e militar não se comunicam entre si, diretamente, havendo sempre a necessidade de passar pela central de comunicação da polícia civil ou militar, o que é um verdadeiro absurdo e retarda o atendimento das ocorrências policiais. Nada justifica essa separação.

A pergunta incômoda e sem resposta que fica é: por que os rádios das viaturas não se comunicam diretamente? E a resposta kafkiana e corporativa é que os estados e os secretários de Segurança não têm força política suficiente para enfrentar os desafios das corporações.

O Estado e a sociedade brasileira, por meio de ampla discussão, precisam construir uma nova política de segurança que controle melhor a criminalidade, preserve a vida, respeite os direitos humanos e dê segurança ao cidadão, tornando o policial um verdadeiro guardião da Constituição. O aperfeiçoamento da polícia brasileira, com a cooperação da comunidade, é um desafio que ainda não foi vencido e precisa ser urgentemente enfrentado.

DESAFIOS DA SEGURANÇA PÚBLICA

A segurança pública é uma questão que aflige os brasileiros face ao aumento da criminalidade violenta e do crime organizado.

Sempre defendi que a melhor maneira de controlá-los e atenuá-los são políticas preventivas.

Dentro dessa linha, há três questões que não entendo por que ainda não foram equacionadas.

A primeira diz respeito à necessidade urgente da ampliação do efetivo da Polícia Federal, há muito inferior as suas necessidades, para que possa haver um melhor policiamento das fronteiras, por onde entram drogas e armas contrabandeadas. Para essas atividades, também é necessário o apoio e cooperação das Forças Armadas.

A segunda refere-se à iluminação pública, já que nossas cidades são

---

Artigo inédito, escrito em 10 de março de 2014.

muito mal iluminadas, facilitando a ação dos criminosos. Com a cooperação dos governos municipais e estaduais e o necessário apoio do governo federal, poderá haver uma sensível melhoria nesse aspecto, o que em muito inibiria a criminalidade patrimonial.

Aliado a isso, falta, ainda, um melhor policiamento preventivo por parte da Polícia Militar, que deve permanecer o menor tempo possível nos quartéis, com rondas permanentes. Essa medida deve ser reforçada, também, por uma melhor cobertura de câmeras de vigilância nos grandes centros urbanos.

Finalmente a última questão a ser equacionada relaciona-se com um problema que há muito aflige as polícias civis e militares, e que as mesmas não conseguem resolver: a falta de comunicação entre os rádios das viaturas do patrulhamento móvel. Isso significa que, se houver uma ocorrência policial grave num determinado quarteirão que esteja sendo atendida por uma viatura da Polícia Militar, ela não poderá se comunicar com a viatura da Polícia Civil que esteja em outro local próximo e vice-versa e tampouco ficará sabendo da ocorrência, pois os rádios só podem pedir socorro às suas respectivas centrais, que depois repassam o pedido.

Trata-se de um absurdo corporativo que perdura até hoje nas grandes cidades brasileiras e que nos envergonha como nação civilizada.

É claro que não podemos nos esquecer de que, para ser combatida a violência que campeia nas grandes cidades brasileiras, depende-se de uma melhoria nas políticas públicas de educação e saúde, zerando-se, por exemplo, o vergonhoso déficit de creches existente.

Sabemos, ainda, que a questão da segurança é complexa e difícil de ser enfrentada, pois existem problemas salariais graves nas carreiras policiais e falta de investimento, mas algumas questões, como as que levantamos, poderiam ser solucionadas imediatamente, se houvesse mais racionalidade, menos corporativismo e, acima de tudo, vontade e determinação política do Estado.

Enfim, há necessidade da construção de uma nova política de segurança, democrática, eficaz e respeitadora dos direitos humanos.

A IMPARCIALIDADE DO JUDICIÁRIO E DO MINISTÉRIO PÚBLICO

Uma das conquistas do estado democrático de direito foi a independência da magistratura e do Ministério Público, bem como o respeito à advocacia, tripé sem o qual não se faz justiça.

Vivemos momentos conturbados e, nestas ocasiões, os operadores do Direito, não devem se esquecer do que os romanos diziam: *virtus est in medius*. Outro ensinamento importante é que juiz e promotor só falam fora dos autos em circunstâncias excepcionais.

Conheci, pessoalmente, grandes magistrados e promotores que até hoje servem de exemplos de honradez, retidão e equilíbrio. Quero lembrar, especificamente, entre os magistrados de São Paulo, desembargadores Sylos Cintra, ex-presidente do Tribunal de Justiça, Tomaz de Carvalho Filho, também ex-presidente do Tribunal de São Paulo, e Adriano Marrey, ex-corregedor-geral de Justiça de São Paulo. São exemplos de dignidade e equilíbrio, seguidos pelo recente presidente, desembargador José Renato Nalini.

Artigo inédito, escrito em 1º de agosto de 2015.

No Supremo, na época da ditadura militar, tivemos o grande presidente Ribeiro da Costa, que jamais se intimidou, e na nova geração temos Ayres Brito, ex-presidente, e Celso de Mello, atual decano da Casa, entre outros ministros.

No Ministério Público, os procuradores-gerais de Justiça sempre se destacaram pela sua coragem e independência, como é o caso de Rodrigo Janot, que sucedeu o também ilustre Roberto Gurgel.

A Ordem dos Advogados sempre foi uma trincheira da democracia e dos direitos humanos.

Em São Paulo, entre outros tantos grandes procuradores-gerais de Justiça, destaca-se a figura de Mario Moura de Albuquerque, incansável defensor da instituição, que teve atuação marcante no combate à corrupção. Outro exemplo é o da luta incansável de Hélio Bicudo no combate ao Esquadrão da Morte, em plena ditadura militar.

Esses exemplos continuam com a conduta do atual procurador-geral, Marcio Elias Rosa, que recentemente, afirmou: "A intolerância distancia mulheres e homens, cria barreiras entre os povos e gera sentimentos de ódio e desrespeito. A prática da tolerância é uma conquista da humanidade".

Uma linha une a todos, que é a humildade, a discrição e a distância dos holofotes e do sensacionalismo.

A paixão política é uma erva daninha, que não pode contaminar nem o Ministério Público nem o Poder Judiciário, que não devem ter partidarismo político.

A parcialidade e a politização do Judiciário e do Ministério Público são um perigoso veneno, que pode contaminar o equilíbrio dos poderes. Mas é bom frisar que esses são episódios esporádicos, que têm sido corrigidos pelos tribunais superiores.

Quando se combate a corrupção que a imprensa investigativa denunciou a todo o país, é bom não se esquecer dos limites estabelecidos pela Constituição e pela legislação penal e processual penal. Nunca é demais lembrar que a corrupção pode apodrecer a República e, para combater esse mal, existem as Comissões Parlamentares de Inquérito.

Mas, além disso, não devemos nos esquecer das lições de Sérgio Buarque de Holanda sobre a cordialidade, que sempre foi uma marca dos brasileiros.

Não se pode esquecer, tampouco, que a prisão preventiva é um remédio processual extraordinário e o pedido de sua decretação exige muita cautela, sob pena de descambarmos para o arbítrio, o que é muito perigoso para as instituições democráticas.

Encerrando, precisamos fazer um compromisso da defesa do estado democrático de direito, destacando que os governos, quando legitimamente eleitos, só podem ser substituídos, quando houver um novo processo eleitoral, salvo a hipótese de crime de responsabilidade cometido pelo presidente da República, o que não se configurou, de maneira clara e insofismável, sendo que a palavra final sempre deverá ser da Suprema Corte.

Acima de tudo, é preciso erradicar a erva daninha do ódio político que desune o país e nunca foi bom conselheiro, podendo nos conduzir a caminhos tenebrosos.

OS NOVOS PAPÉIS DO MINISTÉRIO PÚBLICO

Depois da Constituição de 1988, houve um grande crescimento das funções do Ministério Público, deixando o promotor de Justiça o papel de procurador do rei para assumir uma posição de defesa da sociedade e do estado democrático de direito.

O antigo promotor criminal, de direito de família e de incapazes passou a exercer funções importantíssimas de controle da moralidade administrativa, por meio das ações civis públicas, de defesa do meio ambiente, dos deficientes físicos e de controle da atividade policial. Isto sem falar da fiscalização e guarda dos preceitos constitucionais.

Igualmente, outro fator de grande aprimoramento da instituição foi o processo de escolha do procurador-geral, que, de livre nomeação na República Velha, passou a ter a nomeação vinculada a um membro da carreira, conquista para a qual o Ministério Público de São Paulo teve grande relevância. E depois a lista tríplice e o mandato do chefe da instituição, que passou a dar grande independência à carreira, cul-

---

Artigo publicado originalmente no livro *Violência e Corrupção no Brasil* (2013) e atualizado em 2016.

minando com a autonomia administrativa e financeira, que coroou o seu processo de aperfeiçoamento.

Não deve ser esquecido o papel relevante da instituição na defesa da criança e do adolescente, que foi extraordinariamente alargado com a edição do Estatuto da Criança e do Adolescente.

O membro da instituição transformou-se num verdadeiro defensor dos interesses do povo e dos direitos humanos, sem vinculação político-partidária e dando voz àqueles que não a têm.

É claro que o alargamento de suas atribuições despertou ciúmes corporativos e ataques muito mais às suas qualidades que a eventuais excessos e abusos, que sempre podem e devem ser punidos.

Nesse quadro, a instituição do Ministério Público Federal e o procurador-geral da República se destacaram, sobremaneira, no processo do Mensalão, quando grandes interesses políticos, ligados à endêmica corrupção do Estado brasileiro, uniram-se para atacar a instituição e a possibilidade de que investigasse fatos criminosos, fora da investigação policial tradicional, representada pelo inquérito policial.

Essa posição independente do Ministério Público foi acompanhada pelo Supremo Tribunal Federal, que também passou a ser criticado.

Este ataque à instituição se consubstanciou na PEC 37, apresentada em 2011 e rejeitada em 2013. Essa Proposta de Emenda Constitucional pretendia dar o monopólio da investigação criminal à polícia, impedindo que o Ministério Público pudesse fazê-lo em circunstâncias especiais, como nos grandes escândalos de corrupção ou nos casos de tortura e violência que foram desvendados graças à ação intimorata de promotores de Justiça ou de deputados nas Comissões Parlamentares de Inquérito, ou ainda pelas Comissões de Direitos Humanos da OAB e pelo Conselho de Defesa dos Direitos Humanos do Ministério da Justiça.

Realmente, é incompreensível a limitação que se pretendeu impor à ação dos promotores e que foi objeto de forte reação das Associações do Ministério Público e das Procuradorias-Gerais, contando com o amplo apoio da sociedade, que não compactua com a impunidade nos delitos praticados por maus policiais ou nos escândalos administrativos.

Nunca é demais lembrar as investigações do Esquadrão da Morte, em São Paulo, na década de 1970, do crime organizado no Espírito Santo, no fim da década de 1990, e, novamente, dos Esquadrões no Rio de Janeiro. Essas investigações somente foram possíveis graças ao trabalho dos promotores fora do inquérito policial ou das Comissões Parlamentares de Inquérito.

No caso de São Paulo, é importante recordar que todo o trabalho de investigação foi feito na Vara da Corregedoria da Polícia, com a participação do juiz Nelson Fonseca e da equipe de promotores chefiada pelo procurador de Justiça Hélio Bicudo, redundando na condenação de vários policiais.

Esses novos papéis e funções somente foram conquistados por meio de uma grande mobilização da sociedade e de uma luta, sem tréguas, de promotores idealistas e corajosos, em busca de um país mais justo e sem corrupção.

Finalizando, podemos afirmar que não existirá sociedade realmente democrática sem um Ministério Público forte e independente, incumbido de zelar pela efetiva observância da lei e da Constituição, condição indispensável para que o Poder Judiciário seja soberano e para que o sistema de justiça funcione eficazmente.

Esses anos de luta não foram em vão e tiveram o seu coroamento na Constituição Cidadã de 1988, pois o Ministério Público só tem condições de pleno desenvolvimento no regime democrático.

REFLEXÕES SOBRE O PCC

O noticiário da imprensa, em 2013, voltou a se referir ao PCC. É bom lembrar que já na gestão do governador Franco Montoro, na década de 1980, houve um juiz de execução criminal que fez referência a uma organização chamada Serpentes Negras que existiria na Penitenciária do Estado, sendo que sua existência nunca ficou provada.

Gostaria de fazer algumas reflexões que refletem a nossa posição desde que ocupamos o posto de secretário de Administração Penitenciária, entre os anos de 1995 e 1999, quando, em certo momento, fez-se referência ao PCC. Nós, à época, afirmamos que o PCC não existia como organização e era uma ficção de que se valiam grupos criminosos para tentar mandar nos presídios. É evidente que se tratava de uma estratégia, para não valorizar o grupo. E esses grupos, por sua vez, procuraram se valorizar, usando o nome PCC, como se fossem uma forte organização mafiosa.

Em 1996 tinha-se notícia de alguns grupos de presos que tentavam se organizar na Penitenciária do Estado, mas era algo que não mere-

---

Artigo inédito, escrito em 14 de outubro de 2013.

cia muito crédito e demandava, tão somente, investigação, atenção e acompanhamento, o que foi feito. Talvez fosse o embrião do que depois a imprensa veio a denominar PCC.

Naquele momento, tratava-se de um mero grupelho, que talvez tenha crescido, mas sem dúvida sem o poder que alardeia. A essa época, alguns presos foram removidos para o estado do Paraná, com bons resultados, desarticulando-se o grupo.

Hoje, pode-se dizer que a situação não mudou muito e, em que pesem gráficos e esquemas da suposta organização, em minha opinião ela não existe, como já afirmávamos em 1996, com a influência e o poder alegados, como entidade que congregue e represente os presos, sendo muito mais fantasia que realidade. Dessa fantasia, criminosos perigosos se valem para tentar mandar nos estabelecimentos penais e iludir a massa carcerária. Alguns chegam ao exagero de dizer que o PCC domina 90% das penitenciárias, o que não é verdade, pois a administração mantém o controle dos presídios e os presos que criam problemas graves são removidos para o RDD, regime disciplinar diferenciado, isolados nas penitenciárias de Avaré, Presidente Venceslau e Presidente Bernardes.

Trata-se de uma luta permanente em que grupos de presos, usando a marca PCC, tentam mostrar um domínio que não existe na extensão afirmada. É evidente que há problemas e riscos a serem enfrentados e matérias da imprensa paulista fazem referência a uma organização que seria bem mais estruturada, dentro e fora dos presídios, o que recomenda extrema cautela e permanente acompanhamento.

Em ocasiões passadas, em 2006, esses grupos tentaram chantagear o Estado e as autoridades, com atentados à ordem pública, mas o Poder Público respondeu, impondo a sua autoridade. É o que se espera das autoridades que, inclusive, já fizeram pronunciamentos nesse sentido. Os presos que violarem a lei dentro dos presídios deverão ser punidos e processados criminalmente quando infringirem a norma penal, em especial quando chantagearem outros presos dentro e fora dos presídios e quando tentarem impor o seu domínio mantendo ou comandando organizações criminosas.

No mundo inteiro, dentro das penitenciárias, grupos de presos sempre tentaram manter o controle da massa carcerária, utilizando a violência e a corrupção, que precisam ser enfrentadas. Nesse sentido, existem filmes clássicos no sistema que retratam esse drama. Não se pode e não se deve superestimar o poderio desses grupelhos que se utilizam de uma sigla para apavorar a sociedade e nem subestimá-los. Para eles, uma vez identificada a autoria, deve-se usar a força da lei.

Sabemos que o sistema penitenciário paulista e o brasileiro apresentam problemas de falta de investimento e superlotação, mas é necessário reconhecer que o governo tem feito um grande esforço para gerar novas vagas, o que é fundamental para se manter o controle.

Além disso, o governo federal criou, nas regiões Norte, Nordeste e Sul, presídios especiais para detentos de alta periculosidade que criam problemas nos seus estados de origem, com bons resultados e sem rebeliões. Isso demonstra razoável controle da administração federal sobre presos de altíssima periculosidade. De igual modo, São Paulo foi o primeiro estado a criar penitenciária para delinquentes perigosos, com razoável êxito.

Entretanto, é preciso ficar atento, pois é possível que o crime organizado, usando da marca PCC, prepare manifestações, inclusive no interior das penitenciárias que se encontram razoavelmente controladas, bem como se infiltre em movimentos populares de protesto, o que seria extremamente perigoso. Por isso, a ação dos órgãos de informações é de vital importância, para que haja uma reação enérgica e eficaz da polícia, com ações preferencialmente preventivas.

Finalmente, queremos lembrar que não é fácil administrar uma área problemática que sempre enfrenta problemas de investimento e pessoal e que não conseguiu resolver, nem no Brasil, nem no resto do mundo, a difícil questão da ressocialização e do controle do preso.

ROTA 66

Em 22 de abril de 1975, três estudantes foram fuzilados com 23 tiros, desarmados, durante uma perseguição policial, no Jardim América, em São Paulo.

Foi colocada uma arma raspada, sem identificação, no carro dos estudantes e tentou-se fraudar a prova para afirmar que eles teriam atirado contra a polícia, o que foi frontalmente desmentido pela perícia e pela prova, que demonstrou que os mesmos estavam desarmados.

Em 1978, os réus foram pronunciados pelo 1º Tribunal do Júri, pelo crime de tríplice homicídio qualificado.

Em 1979, o Supremo Tribunal Federal anulou o processo, para declarar a competência da Justiça Militar.

Em 1981, os réus foram absolvidos pela Justiça Militar Estadual.

Houve recurso aos Tribunais Superiores, mas a decisão absolutória foi confirmada.

Artigo inédito, escrito em 04 de março de 2015.

Depois da Constituição de 1988, o deputado Hélio Bicudo tentou, no Congresso, acabar com a competência da Justiça Militar e, em especial, nos crimes comuns, previstos no Código Penal e legislação penal complementar, o que acabou acontecendo com a emenda 45, que tratou da reforma do Judiciário e mudou o texto do artigo 125, parágrafo 4º, da Constituição para dizer que os crimes de competência do Tribunal do Júri são os crimes contra a vida e devem ser julgados, obrigatoriamente, por ele.

O caso da Rota 66, lamentavelmente, não foi o único, tendo sido provocado pelo despreparo e arbítrio daqueles policiais, fato que se repete em outros estados da Federação, como ocorreu no crime de Vigário Geral, na Candelária e em tantos outros, o que demonstra a necessidade de uma nova política de segurança que combata o crime, defenda a sociedade e respeite os direitos humanos.

O episódio tornou-se um caso emblemático da violência policial no país, que quase sempre atinge os mais marginalizados socialmente.

LAZER E CULTURA NA PERIFERIA

Há muitos anos nos preocupamos com a falta de lazer, esporte e cultura na periferia das grandes cidades brasileiras, que estimula a violência e a criminalidade.

Em sua grande maioria, os bairros afastados não têm quadras de esportes, piscinas públicas, campos de futebol e pistas de atletismo, assim como não possuem salas de teatro, salas de projeção e espaços para debates. Em razão disso, não formamos nem atletas, nem cidadãos.

Com isso, as crianças e os jovens ficam na rua, sem atividades, e muitas vezes são aliciados pelo tráfico de entorpecentes.

Em algumas cidades, como São Paulo, criaram-se os CEUs (Centros Educacionais Unificados), espaços para múltiplas atividades que têm dado muito bom resultado. Com o mesmo objetivo, no Rio de Janeiro, muitos anos antes, o governo Brizola criou os CIEPs (Centros Integrados de Educação Pública). Mas é muito pouco, pois falta

---

Artigo inédito, escrito em 20 de março de 2014 e atualizado posteriormente.

uma política nacional que privilegie o esporte e a cultura nas grandes metrópoles, o que dá margem a justos protestos populares por melhores condições de vida.

É preciso, entretanto, que o governo federal, conjuntamente com os estados e as prefeituras, construa uma política nacional de cultura, esporte e lazer, direcionada especificamente às populações marginalizadas. A atenção deve estar voltada para mais cultura, mais lazer, mais esporte e menos polícia, pois o trato com a juventude deve ser feito prioritariamente por educadores, visando à sua formação cultural e esportiva. A periferia das grandes cidades precisa deixar de ser esquecida.

Com isso, estaremos formando cidadãos, atores e participantes da vida política, o que contribui para a criação de uma sociedade menos desigual, com menos violência e confronto.

Se o Estado atuar com sabedoria, a juventude certamente responderá com alegria e doação, que são suas marcas características, e não com fenômenos como os *black blocs* – gerados, muitas vezes, pela ausência de atividades esportivas, de lazer e de cultura.

Finalmente, tudo isso pressupõe uma grande ênfase na política educacional, melhorando as escolas, em especial as públicas, para que tenham melhor *curriculum*, e valorizando-se a figura do professor, com salários condignos.

Precisamos ter uma escola compatível com os desafios do novo milênio. Essa talvez seja a grande dívida da democracia brasileira em relação à educação e à cultura, transformando a escola num grande espaço de cidadania.

Essa questão precisa ser seriamente debatida por todos os candidatos às eleições em todos os níveis, passando a ser a principal preocupação dos partidos políticos.

Não haverá desenvolvimento econômico e social, se não melhorarmos profundamente a educação. Sem isso, dificilmente construiremos uma verdadeira democracia social, com uma sociedade mais justa e menos desigual e violenta.

A educação, a escola e o professor precisam ser a preocupação fundamental de um governo que queira, efetivamente, transformar o país.

Precisaríamos ter aproveitado a Copa do Mundo de Futebol de 2014, a grande paixão nacional, e as Olimpíadas de 2016, que reúnem todas as modalidades esportivas, para iniciarmos uma grande transformação na valorização do esporte e na formação do jovem cidadão. Conjuntamente com a educação e cultura, esse é o caminho para transformarmos o país dos sonhos em uma nação com mais respeito à criança e ao adolescente, para que tenhamos grandes esportistas e exemplares cidadãos.

Parte 3
CRISE IMIGRATÓRIA, TERRORISMO E OUTROS TEMAS GLOBAIS

Parte 3

CRISE IMIGRATÓRIA MUNDIAL

Sendo o Brasil um país de imigrantes, o que nos deu uma cultura de integração, causa-nos espanto e horror a atitude de muitos países europeus ao rejeitar os refugiados sírios e de outras localidades, chegando a construir cercas e muros de arame farpado. Triste mostra da insensibilidade política de certos governos e de atitudes nazifascistas.

A atitude, além de contrariar normas internacionais, acirra o ódio e o preconceito contra os países subdesenvolvidos.

Não podemos nos esquecer de que os desequilíbrios no Oriente Médio foram causados por guerras coloniais e intervenções militares das grandes potências.

A Líbia, o Iraque e a Síria são exemplos vivos dos equívocos e desastres das intervenções militares que provocaram centenas de milhares de mortos, atingindo principalmente a população idosa e as crianças, o que demonstra que o caminho da força é a pior solução e que somente negociações, sob da égide a ONU, podem restabelecer o equilíbrio.

Artigo inédito, escrito em 13 de fevereiro de 2016.

O próprio terrorismo é um subproduto maligno dessa mentalidade opressora.

Somente o fim das intervenções militares, o respeito às convenções internacionais e a ação das Nações Unidas poderão restaurar o império da razão, com a aplicação de políticas humanistas e de integração.

Por outro lado, a maneira como os imigrantes têm sido tratados, com rejeição e discriminação, renega as melhores tradições humanistas da Europa, criando um clima de xenofobia e discriminação, em relação aos estrangeiros.

Nessa questão, apesar de nossas deficiências, ainda somos um exemplo a ser imitado e mostrado ao mundo, por ocasião dos Jogos Olímpicos, um momento de celebração da paz e da convivência harmônica entre as nações, lembrando que o esporte, a educação e a cultura são os melhores caminhos para a construção de um mundo de paz.

BARBÁRIE EM PARIS

Nada justifica a carnificina ocorrida na noite de 13 de novembro de 2015 em Paris, cidade maravilhosa, capital da cultura humanística e da liberdade, com uma história de resistência às ditaduras. Trata-se de um evento dramático, com mais de 130 mortos e 350 feridos, alguns em estado gravíssimo e que lamentavelmente poderão vir a falecer.

Nem os erros das potências ocidentais, inclusive a França, na política internacional no Oriente Médio, podem servir de pretexto para ação de tão grande crueldade, que só pode ocorrer em regimes ditatoriais e sanguinários e nunca numa democracia.

Ainda que os autores dos atentados sejam de origem árabe, essa circunstância não pode desencadear uma onda de islamofobia. Seguramente, houve falhas no sistema de segurança, que precisam ser corrigidas para que novas tragédias não ocorram.

Os autores do atentado conseguiram a publicidade que desejavam e deixaram a cidade-luz e seus habitantes profundamente chocados e perplexos.

Artigo inédito, escrito em 15 de novembro de 2015.

Os fins jamais justificaram os meios, principalmente os equivocados e violentos, que provocaram um desastre humanitário, com um tão grande número de mortos e feridos em estado grave, caracterizando uma barbárie sem precedentes.

Por isso, os grandes líderes religiosos, inclusive o Papa Francisco e os políticos de todos os matizes, bem como os governos democráticos e respeitadores dos direitos humanos, uniram-se na condenação unânime de tão brutal atentado à dignidade da pessoa humana, carregado de loucura política e fanatismo.

O Brasil, fiel às suas melhores tradições democráticas, por meio da presidenta Dilma, teve um palavra explícita de repúdio a esse ato terrorista. O presidente da França, François Hollande, manifestou-se no mesmo sentido.

As pessoas com um mínimo de sentimento de solidariedade pelo próximo não podem deixar de se indignar contra a barbárie, ser solidárias com a França e exigir das autoridades a identificação e a punição exemplar dos responsáveis que mancham a história política do país.

Tendo trabalhado, durante muitos anos, na área social, de segurança e de direitos humanos, nunca vi ação com tamanha crueldade, minuciosamente planejada pelo Estado Islâmico, matando pessoas absolutamente inocentes em locais diversos da cidade, como bares, restaurantes, casas de *show* e nas proximidades de um estádio de futebol, completamente lotado.

A paz entre as nações e os povos jamais será conseguida pela violência do terrorismo e pelo desprezo às normas de direitos humanos inscritas na Declaração Universal dos Direitos Humanos da ONU.

Não se pode esquecer que Paris, no início desse mesmo ano, sofreu um gravíssimo atentado contra a liberdade de imprensa no *Charlie Hebdo*, com uma dezena de jornalistas mortos e com os autores identificados e presos. Apesar disso, sofre outra ação tresloucada, muitíssimo mais grave, indicando uma forte deterioração social e política na sociedade francesa.

Essa violência precisa ser exemplarmente punida. Por outro lado, é necessário estudar mais profundamente as causas dessa ação terrorista, sem paralelo, pela gravidade de suas consequências políticas, econômicas e sociais, para Paris, para a França, para a Europa e para o mundo.

COSTA RICA – UMA GRANDE DEMOCRACIA

Em 1983, portanto há mais de trinta anos, a convite das Nações Unidas, participamos de um curso sobre criminalidade e direitos humanos naquele pequeno grande país e exemplo de democracia, estado de direito e respeito aos direitos humanos.

As primeiras impressões, que permanecem até hoje, são representadas pelas sólidas e consolidadas instituições políticas e pela simpatia de seu povo. O processo político é eminentemente democrático, com eleições livres e pluralismo partidário, com a participação, já naquela época, do Partido Comunista.

Havia uma grande estabilidade democrática. O Poder Judiciário era rápido, moderno, forte e independente.

Não existiam e continuam a não existir Forças Armadas, o que não tem paralelo nas Américas. Essa medida foi tomada em 1º de dezembro de 1948 pelo presidente José Figueres Ferrer, tornando a Costa Rica o único país sem exército no continente.

Artigo inédito, escrito em 24 de fevereiro de 2016.

A polícia é civil, sendo a polícia judiciária subordinada ao Poder Judiciário e supervisionada pelo Ministério Público.

Esse sistema prima pela originalidade, pela eficiência e pela ausência de violência e corrupção.

Não existem grandes propriedades rurais, nem pobreza absoluta, sendo que os desníveis sociais não são grandes e, com isso, são raros os episódios de violência.

O sistema de seguridade social cobre toda a sociedade e o sindicalismo é muito mais livre e independente que em outros países latino-americanos.

Apesar da crise social e econômica que vivia o país, em razão da dívida externa, situação muito parecida com a brasileira, transpirava-se democracia e o povo e a sociedade não admitiam qualquer retrocesso institucional.

Além disso, o nível cultural era e continua elevado, sendo que uma das manifestações de cultura era a existência de duas orquestras sinfônicas num país com pouco mais de 5 milhões de habitantes.

O que preocupava o costarriquenho era a eventual internacionalização do conflito caribenho que se agravou com o embargo econômico e que somente agora, com o restabelecimento das relações entre os Estados Unidos e Cuba, está conduzindo a situação para a normalidade.

A Costa Rica é um pequeno país em extensão territorial, apesar de ter costa no Atlântico e Pacífico.

Oxalá o Brasil, com grande extensão territorial e enorme poderio econômico, venha a ter a solidez das instituições democráticas desse país, conhecido como Suíça latino-americana.

O sistema penitenciário é aberto e humano e aposta na ressocialização do homem.

A educação é privilegiada e é fácil o acesso à universidade, o que explica a cultura de seu povo, com uma baixa taxa de analfabetismo e a pacífica convivência democrática.

O país também se destaca pela cobertura vegetal e pela existência de grandes parques nacionais, que significam a preservação da fauna, da flora e do meio ambiente em geral.

Sua capital, San José, destaca-se pela limpeza de suas ruas, pela solidez democrática e pelo respeito aos direitos humanos, o que fez com que a nação sediasse a Corte Interamericana dos Direitos Humanos. Em 1969, ali foi promulgada a Convenção Americana dos Direitos Humanos, conhecida como Pacto de San José.

A Corte fiscaliza os direitos humanos previstos na Convenção e tem jurisdição em toda a América Latina. Por isso, todos os países latino-americanos estão sujeitos à sua jurisdição, podendo ser julgados pelas violações aos direitos humanos.

Deve-se destacar, ainda, que a Costa Rica é o único país da América Latina que tem eleições democráticas sem interrupção desde 1948, o que lhe granjeou o respeito internacional.

Por todas essas razões, seus índices de desenvolvimento humano estão entre os mais elevados de toda a região e o país é uma democracia exemplar.

A DERRUBADA DO MURO

Em 1989, na época da derrubada do Muro de Berlim, estávamos na Alemanha, a convite do governo alemão ocidental, representando o Ministério da Justiça, juntamente com o professor Nilzardo Carneiro Leão, da Faculdade de Direito de Recife, e ao lado de professores da Argentina, Uruguai e Paraguai, numa reunião de intercâmbio de informações na área de segurança e de sistemas prisionais. Tivemos, assim, a oportunidade de presenciar esse fato histórico.

Durante as reuniões realizadas em Bonn e na então Berlim Ocidental, assistimos milhares de alemães irem às ruas, para, armados de pás e picaretas, iniciar a demolição daquilo que considerávamos uma vergonha para a civilização ocidental.

E, por outra feliz coincidência, na mesma oportunidade, começava a derrocada dos regimes comunistas da Europa Oriental: Alemanha Oriental, Checoslováquia, Hungria, Polônia e outros países.

Desmoronava o império soviético. E ninguém sabia, com certeza, qual seria a reação da antiga União Soviética e dos regimes comu-

---

Artigo inédito, escrito em 10 de novembro de 2014.

nistas que estavam sendo desafiados publicamente por milhares de cidadãos que tomavam as ruas da Alemanha Oriental e dos países da Cortina de Ferro.

Era um momento de medo e de esperança e nós tivemos o privilégio de presenciar essa mudança histórica, pessoalmente e por meio da mídia escrita e televisionada.

Naquele período, o governo da Alemanha Ocidental pagava uma taxa, como auxílio, para cada alemão que chegasse do leste. Com a queda do muro, multidões de alemães orientais em fuga passaram a se dirigir para o território do oeste. A sociedade alemã, os Rotary Clubs e as igrejas se organizavam, em especial nas cidades situadas mais próximas da fronteira, para receber as pessoas que não paravam de chegar.

Foi uma verdadeira epopeia, com uma enorme tensão no ar. Nunca mais iremos nos esquecer do olhar de alegria e felicidade com que tantos milhares de alemães derrubavam a golpes de picareta o odiado muro, carregando pedaços dele, com cobertura ao vivo pela televisão.

Os olhares do mundo se voltavam para a Alemanha, num misto de preocupação e esperança.

Ao chegarmos ao Brasil, relatamos tudo o que ocorreu ao então ministro da Justiça, Saulo Ramos, que compreendeu a grande contribuição para a democracia que significava a queda do muro.

Hoje, completados mais de 25 anos da derrubada do muro, venceu o diálogo. Em 1990, a Alemanha reunificou-se em paz, respeitando a democracia. E, apesar das imensas dificuldades, o modelo democrático continuou a avançar pelo mundo, provando que a força da justiça e a mobilização da sociedade são maiores que a opressão das ditaduras.

NELSON MANDELA

Em dezembro de 2013, o mundo e a África do Sul perderam um grande estadista, tão importante quanto Gandhi e Martin Luther King. Foi um líder que refundou o seu país, democratizando-o, libertando-o da escravidão e dando dignidade aos negros, tornando-se o grande defensor da pessoa humana e dos direitos humanos.

Nelson Mandela foi o sacerdote universal do bem, o santo dos oprimidos, e ensinou, tanto com a palavra, com seus grandes pronunciamentos, como com o exemplo de vida, tendo permanecido 27 anos preso pela ditadura racial.

Merece o nosso respeito e a sua vida será a semente da liberdade e da democracia que germinará sempre, a despeito da força bruta das ditaduras.

Sua figura de líder incontestе e sua coerência são uma unanimidade e sua trajetória iluminará todos os libertadores.

Artigo inédito, escrito em 10 de dezembro de 2013, poucos dias depois do falecimento de Nelson Mandela.

Mais que católico e cristão, sua religião fundava-se no amor infinito ao próximo e seus exemplos converteram-no num símbolo, numa luta permanente contra a injustiça e opressão.

Arrebatou a comunidade negra na África e no mundo. Tornou-se santo de todas as religiões e de todos os credos e, por isso, sua morte é pranteada por toda a humanidade, merecendo respeito e admiração.

Tinha uma personalidade que mesclava sabedoria, humildade e firmeza na defesa de suas convicções.

Em seu enterro foi reverenciado por governantes do mundo inteiro. O Brasil, num belo gesto de solidariedade, enviou uma delegação composta de todos os ex-presidentes vivos, demonstrando respeito e identificação com a África, com quem temos uma grande dívida social, em razão dos crimes cometidos no período da escravidão.

PALAVRAS FINAIS

Os assuntos tratados nos artigos e ensaios deste livro são variados: política, democracia, justiça social, corrupção, violência, sistema prisional, segurança pública, polícia, terrorismo, imigração e outros. Há, entre todos, um fio condutor de esperança e ética, bem como a crença de que é possível a construção de uma sociedade mais humana, justa e respeitadora dos direitos humanos.

A luta dos cidadãos democratas de todas as tendências continua, e é preciso perseverar e muitas vezes recomeçar. O importante é não perder a fé na democracia e na força da verdade e dos direitos humanos. Da mesma forma, temos de acreditar que o crime organizado, ao final, sempre perderá as batalhas contra a sociedade conscientizada dos seus direitos e deveres e que a Justiça triunfará sobre a transgressão da lei.

Como lembrava Rui Barbosa, "fora da lei não há salvação". Ou seja, é importante não nos afastarmos da legalidade, pois fora dela não há estado democrático de direito.

As transformações na sociedade brasileira, para criarmos um país menos desigual e mais justo, dependem de nossa crença no estado democrático de direito e de nossa participação ativa na luta política. Não podemos continuar como meros espectadores de nossas profundas desigualdades sociais.

Conseguimos sair de um estado ditatorial, implantado em 1964, e ingressamos num processo de redemocratização irreversível. Se compararmos com outras transições, podemos afirmar que a nossa foi menos traumática. As instituições estão cada vez mais fortes e a imprensa é livre. Devemos estar vigilantes para que não haja retrocessos.

A luta foi renovada pelo movimento de massas de junho de 2013, liderado pelos estudantes, e reforçada pelas ideias humanistas e cristãs do Papa Francisco, que visitou o Brasil no mesmo ano e trouxe uma mensagem de renovação da Igreja e da fé.

O caminho até agora percorrido reforça a nossa esperança de construirmos, juntos, um país melhor e mais justo.

Apesar das dificuldades políticas, econômicas e sociais, queremos manifestar a nossa esperança e a nossa certeza de que somente a preservação da democracia nos garantirá contra aventuras perigosas que representariam um enorme retrocesso nas conquistas democráticas obtidas pela Constituição de 1988.

É preciso, ainda, destacar o papel da imprensa livre, que, apesar de alguns excessos, tem contribuído para a discussão dos grandes temas nacionais, sem nenhum tipo de censura, o que é característico das grandes democracias.

O ano de 2016 iniciou-se carregado de incertezas pelo agravamento da crise e pelo acirramento de antagonismos políticos, especialmente a partir de março, com o início da tramitação do pedido de *impeachment* da presidenta e com uma grande discussão no Supremo Tribunal Federal sobre a possibilidade de o ex-presidente Lula ser ministro, passando a ser julgado pela mais alta corte.

No dia 17 de abril o pedido de *impeachment* foi aprovado por mais de dois terços da Câmara dos Deputados, sendo remetido para o Senado. Em maio iniciou-se o julgamento da presidenta da República pelo Senado, processo que tem prazo máximo de 180 dias.

Portanto, neste momento em que finalizo este livro, não há, ainda, uma definição sobre os desdobramentos desse processo.

Aconteça o que acontecer, a sociedade política brasileira não pode perder a qualidade da tolerância e do respeito às ideias divergentes, já que a exacerbação do ódio poderá nos levar a situações-limite, com consequências imprevisíveis, sendo a primeira vítima o estado democrático de direito.

Cabe aos políticos, por meio do entendimento, apontar soluções que ajudem a desarmar os espíritos e evitar que enveredemos por caminhos perigosos.

Talvez tenha chegado o momento de construirmos um Pacto Nacional de Desenvolvimento Econômico e Social, visando à inclusão social de milhões de brasileiros que hoje vivem em condições de marginalização social, incompatíveis com o respeito e a dignidade da pessoa humana, e ao mesmo tempo repudiando a intolerância e a radicalização política.

A outra solução política talvez seja a convocação de novas eleições para presidente da República, o que suporia mudança do texto constitucional, por meio de PEC, ou uma eventual cassação de mandato

Palavras finais

da chapa vencedora em 2014, pelo Tribunal Superior Eleitoral, o que também redundaria em novas eleições.

Todas essas soluções partem do pressuposto de que todo poder emana do povo e que somente por meio do processo eleitoral poderá ser encontrada uma saída política para a grave crise que o país vive.

POSFÁCIO

Neste novo livro, João Benedicto de Azevedo Marques dá continuidade à divulgação de seus artigos sobre aspectos de política, segurança e direitos humanos no país e no exterior, complementando a coletânea anterior, publicada em 2013 sob o título Violência e Corrupção no Brasil, *também da Editora CLA.*

Tenho grande satisfação em escrever o texto de encerramento, por acompanhar e conhecer sua constância de propósitos em defesa dos direitos humanos, da democracia e do estado de direito, e pela nossa forte amizade. Compartilhamos ao longo de 60 anos opiniões e posições sobre caminhos do nosso país – as eventuais diferenças nunca nos impediram de um diálogo produtivo, desde que nos conhecemos no início do ginásio no Colégio São Luís, em São Paulo.

Participamos juntos de movimentos sociais e estudantis, e de viagens pelo Brasil nos tempos escolares, e recebemos também em comum a influência positiva dos jesuítas nos sete anos passados no colégio. Depois, seguimos caminhos profissionais diferentes, mantendo constante contato. João Benedicto foi ativo como estudante na Faculdade de Direito do Largo de São Francisco, de longa tradição nas discussões sobre o País, o que reforçou seu interesse pelas questões nacionais e internacionais, em especial na área da democracia, dos direitos humanos e da proteção à infância.

Formado, optou pela carreira de promotor de Justiça, ampliando seu envolvimento com as questões políticas, sociais e a luta contra a corrupção, tendo exercido a função em várias cidades do interior, em especial na região de Ribeirão Preto. Lá se casou com uma paulistana, cujo pai foi um dos pioneiros na instalação da conceituada Faculdade de Medicina local e que se tornou das mais destacadas aquarelistas do país: Maria Laura Bechelli de Azevedo Marques, uma das fundadoras

Posfácio

e primeira presidente da ABA – Associação Brasileira de Aquarela e da Arte sobre Papel, na qual organizou exposições e promoveu a edição do ótimo livro Aquarela – A cor da memória, *coordenado por Gilberto Habib Oliveira.*

Voltando a São Paulo, o interesse de João Benedicto pela infância o levou a aceitar o grande desafio de ser o primeiro presidente da Febem, criada em 1976 no auge de uma crise e rebelião na detenção de menores existente na Rodovia Raposo Tavares. Sua carreira pública teve continuidade em outros cargos, como secretário de Administração Penitenciária e depois secretário Nacional de Justiça, cargos que nos possibilitaram contínuas trocas de ideias. Na minha atividade à frente do PNBE – Pensamento Nacional das Bases Empresariais, sempre contei com sua participação e seu apoio, ajudando inclusive a organizar em 2003 alguns dos eventos de lançamento do Projeto Brasil 2022 – Do País que Temos ao País que Queremos.

Li diversos livros de sua autoria, que recomendo, embora se refiram a momentos do passado, a partir de 1976: Marginalização – Menor e Criminalidade; Execução sumária de menores em São Paulo; Reflexões sobre a pena de morte; Direito e Democracia – o papel do Ministério Público; Democracia, Violência e Direitos Humanos; História de um massacre – Casa de Detenção de São Paulo, *este em parceria com Marcello Lavenère Machado.*

Como se vê pelos títulos, João Benedicto sempre esteve fortemente envolvido com as causas sociais e, particularmente, com a defesa dos direitos humanos, o que veio a lhe render várias homenagens, como a realizada pelo Conselho da Paz do Instituto Histórico e Geográfico Brasileiro (IHGB), em São Paulo. No evento de entrega, ele teve a oportunidade de destacar sua admiração por figuras internacionais com a mesma visão, com palavras que ficaram registradas nos anais: "O Conselho da Paz resgata os valores do humanismo defendido, entre outros, por Mahatma Gandhi e Martin Luther King, e, no Brasil, pela irmã Dulce e Betinho (Herbert José de Souza)".

Os textos incluídos neste livro ressaltam mais uma vez essa sua visão humanista e seu interesse pelo progresso social e político de nosso país. Assim, os artigos sobre Nelson Mandela e sobre a Costa Rica usam essas referências para apontar caminhos para o Brasil e seus líderes.

No artigo sobre parlamentarismo e presidencialismo, a partir da constatação da instabilidade institucional nas crises mais graves, ele preconiza um reestudo do primeiro, como solução para que as eventuais substituições de governo ocorram sem maiores transtornos, e considera que isso deve ser feito depois de superado o processo de impeachment, *tema em relação ao qual também não foge de se posicionar. O controle do tráfico de drogas e a expansão do consumo em paralelo com a criminalidade são parte desse problema, para o qual ele aponta soluções.*

O novo livro de João Benedicto é um testemunho e um posicionamento sobre como um servidor público de carreira, bem sucedido e sem manchas no currículo, vê as necessidades do país e os possíveis caminhos para superar as dificuldades que se nos defrontam. Concordando ou não com as visões expostas, o livro é um bom roteiro para uma discussão sóbria e pacífica das divergências pouco civilizadas que começaram a aflorar com o chamado Mensalão e se agravaram de maneira mais intensa a partir de 2013 e do chamado Petrolão – temas que ele também aborda em diversos capítulos.

MARIO ERNESTO HUMBERG
Consultor de comunicação, ética organizacional, prevenção e gestão de crises